子どもを社会科好きにする授業

向山洋一 監修
谷 和樹 著

はじめに

「社会科の教科書が最後まで終わらないのです。」
ある小学校でこんな相談を受けました。
「どのように授業しているのですか」と尋ねると、
「毎時間毎時間、教科書の見開き２ページずつ進んでいる」というのです。
「毎回そうして授業している」というその先生は、それが通常の社会科授業だと思い込んでいる様子でした。
私は絶句しました。

子どもたちは社会科の時間が嫌い。
教師も毎回の社会科が憂鬱だと言います。
いろいろなところで聞いてみると、これに近い授業をしている先生は、決して少なくありません。
それでは教科書が終わらないどころか、その社会科の時間は子どもたちにとってもさぞかし退屈で苦痛に違いありません。
私は危機感を覚えました。
研究授業などでは、念入りに準備をする先生もいます。
しかし、普段の社会科の授業の流し方がわからなくて困っているという先生は多いようです。
その結果として社会科嫌いの子どもたちを量産しているとしたら、とても残念なことです。

社会科の使命の一つは、日本の国の将来を支えていく人材を育てることです。「公民的資質の育成」というのはそういうことです。
その社会科が子どもたちにとって、毎時間つまらないものになっているのでは困ります。
子どもたちが社会科を大好きになり、しかも力がつくような、教え方の基礎基本を、できるだけわかりやすく書いたものが必要だと思いました。

本書では、たとえば次のような内容を、実例を交えてわかりやすく解説しています。

1．社会科の授業を楽しく、わかりやすくする授業の導入
2．発達障害の子どもたちも集中する授業の組み立て方
3．社会科のノート指導
4．資料の読み取らせ方
5．ICTを活用した社会科授業

他に、実際の授業の展開例も可能な限り豊富に載せました。
読んだだけで、社会科の授業の基本的なことを知っていただけるよう、大切な事はほぼ網羅するようにしました。
本書を活用いただくことで、生き生きとした社会科授業が展開され、クラスの子どもたちが「先生、社会科って面白い！」と言ってくれるようになることを願っています。

執筆にあたっては、TOSS代表の向山洋一先生の実践から数多くのことを学ばせていただきました。
学芸みらい社の青木誠一郎様には、何度も何度もはげましとアドバイスをいただきました。
また、資料や実践の提供、執筆協力など、多くの方にお力添えもいただきました。お名前は巻末にまとめてご紹介しています。
あらためて皆様に深くお礼申し上げます。
ありがとうございました。

平成23年6月19日　四日市にて

谷 和樹

目次

はじめに 3

第一章　社会科授業のここを点検しよう
保護者もみているポイント 11

1 知識をきちんと教えること 12

2 知識を習得させるための条件とは 12

3 情報を読み取る方法を教えよう 13

4 ものごとの原理をわかりやすく教えよう 15

　　① 概念を一言で定義する
　　② 子どもの身近な事例をつかって基本形をつくる
　　③ その基本形を変化させながら、何度か繰り返す
　　④ 別の事例をあてはめさせる
　　⑤ 問題を絞り込んで討論する

第二章　子どもを社会科好きにする授業
4つのポイント 17

1 ポイント1　余計な儀式をしない　すぐ授業に入る 18

　　① 形式的なあいさつはしない
　　② 授業の導入のしかた　その実例
　　③ 自然に授業に入ると発達障害の子どもたちも安定

2 授業開始で子どもたちを集中させる3つの条件 21

　　① すぐに授業に入ること
　　② 自然なこと
　　③ 指示が短いこと

3 ポイント2　授業をパーツで組み立てる-------------------------- 22

4 ポイント3　全員を動かす作業指示----------------------------- 24

5 ポイント4　発達障害の子を含めた一斉指導のコツを体得する------ 27

第三章　ノートを見れば授業がわかる
　　　　　実物で紹介する 社会科におけるノート指導の典型例------------ 31

1 子どもが満足感を持つ「見開き2ページのまとめ」------------------- 32
　　1 うっとりするぐらいきれいに
　　2 評定の仕方でやる気を引き出す

2 どの子も上手にまとめることができる「調べ学習のノート」---------- 35
　　1 辞典・百科事典などを活用する
　　2 調べたことを観光パンフレットにする

3 現場の情報を処理する方法を教える「見学のノート」---------------- 39
　　1 目についたことを全部記録させる
　　2 現場で目についたことには、すべて意味がある

4 歴史の流れをつかませる「いろいろな年表でまとめたノート」-------- 42
　　1 15年戦争の年表
　　2 歴史の年号を覚えるマトリックス

5 歴史が大好きになる「人物調べのノート」------------------------- 47
　　1 人物の業績を短く書かせる
　　2 代表的な人物を調べさせる

第四章　プロ教師の技術を身につけよう
　　　　　資料と教材を使いこなし、深く教材を研究する---------------- 51

1 資料を使いこなして子どもたちに思考を促す----------------------- 52
　　1 グラフを使って作業をさせる
　　2 流れ図を使って作業をさせる

③ 正確に読み取らせるための発問をする

② 資料を読み取らせる授業のねらい ———————————— 56

① 資料を読み取るための基本的な技術
② 資料と教科書本文との関連を教える
③ 新たな問題の発見へ導く
④ 子どもたちの活動を組み立てる
⑤ 瞬時に授業を構成できる授業力

③ こだわった教材研究に挑戦する ———————————— 60

① 最後まで絶対にあきらめない
② 授業を組み立てる５つのコツ
　1. 教えたい内容をできるだけシンプルに表現する
　2. ビジュアルな「基本形」に表現する／3. 子どもたちの身近な経験から入る
　4. 基本形を変化させながら繰り返す／5. 子どもたちの活動場面を多くつくる

④ 資料を使って子どもたちを「ゆさぶる」———————————— 64

① グラフの欠陥を指摘させる
② 子どもたちをゆさぶる授業とは
③ 子どもたちが自分で自分をゆさぶる授業が理想

⑤ 絵や写真を読み取らせる授業の基本 ———————————— 68

① 基本の問い方
② 箇条書きの方法を教える
③ 書けたものを評定する
④ 「子どもの意見分類表」を発問に生かす

⑥ フラッシュカードを活用する授業の基本 ———————————— 71

① 「都道府県フラッシュカード」
② 「地図記号フラッシュカード」
③ フラッシュカードを自作する

⑦ 社会科で子どもの「表現力」をどう育てているか ———————————— 74

① 言語による表現
② 非連続型テキストによる表現
③ 動画による表現
④ PCによる表現

第五章　社会科大好きな子どもを育てる授業
そのまま授業にかけられるとっておきの具体例……… 79

1 3・4年生を社会科大好きにする授業の実例……………… 80
　①　地図帳が大好きになる「地名探し」の授業
　　　1.やり方がわかる授業／2.自分たちでできるシステムを作る授業
　　　3.索引ページを使うことができる授業
　②　地図記号が大好きになる授業
　　　1.記号の由来がわかる授業／2.自分の発想が生かせられる授業
　③　「長いもの」がいい教材になる（水道の授業・電気の道の授業）
　　　1.子どもたちの調べ活動をいざなう「水道の授業」
　　　2.コンセントからさかのぼる「電気の道の授業」
　④　スケッチアップを活用したまちづくりの授業
　　　1.スケッチアップで自分の家を作ることができる
　　　2.町に必要だと思うものを作ることができる
　　　3.アニメーションを使ってまちを紹介することができる
　　　4.スケッチアップでする場合／5.グーグルアースを使う場合
　⑤　教えることを明確にして組み立てる単元「火事を防ぐ」
　⑥　地域の内容にあわせて組み立てる
　⑦　見学をうまく組み込む「ごみ」の学習

2 5年生を社会科好きにする授業……………………………… 102
　①　教科書で知的な授業を展開する
　　　1.教科書を使った展開例／2.学習問題から入る／3.教科書で自学させる
　②　「資料活用能力」を育てる5年生の授業
　　　1.資料活用能力とは／2.資料の種類／3.資料読解の視点
　　　4.資料活用の授業発問例（折れ線グラフの場合）
　③　社会のできごとの「原因と結果」がわかると楽しくなる
　　　1.教科書から原因を探す例／2.教科書以外から原因を探す例
　④　流通の授業でモノとお金が流れるしくみを教える
　　　1.シンプルな図で流れを表す／2.流通を支える工夫
　⑤　農業単元「庄内平野」の導入例
　⑥　子どもたちの内部情報を蓄積させる工業単元の導入
　⑦　「雪国のくらし」で討論の授業に挑戦する

3 6年生を社会科好きにする授業 ―――――――――――――― 117

- 1 歴史年号・歴史人物を楽しみながら覚える
   1. カルタで覚える／ 2. フラッシュカードで覚える／ 3. 語呂合わせで覚える
- 2 大きな歴史の流れをつかませ、ダイナミックに展開する授業
- 3 討論の授業で社会科が楽しくなる
   1.「縄文人の平均寿命」で討論＆インターネットを使った学習をする
   2. ペリー来航で日本人の気概を教える（向山実践追試）
- 4 社会授業開き「人間の歴史はどれくらい」

第六章　子どもたちを熱中させ、情報処理力をつける授業
最先端のICTを活用する ―――――――――――――――――― 131

1 インターネット検索を活用した授業 ――――――――――――― 132

- 1 「キーワード検索」の技能が重要
- 2 情報を処理する能力
- 3 インターネット検索のやり方を教える

2 スマートボードを活用した授業 ―――――――――――――― 136

- 1 文科省もすすめている電子黒板
- 2 スマートボードは、インターネットを活用した授業スタイルを激変させた
- 3 スマートボード付属のソフト「スマートノートブック」を使いこなす

3 グーグルアースを活用した授業 ―――――――――――――― 140

- 1 グーグルアースは無料でダウンロードできる
- 2 グーグルアースを授業で活用する
- 3 ライブで見て確かめよう

4 スケッチアップを活用した授業 ―――――――――――――― 145

- 1 グーグルアース上の立体的な都市
- 2 教育分野を創る画期的なソフトである
- 3 グーグル・スケッチアップを活用した「社会科授業」の事例
- 4 スケッチアップを子どもたちがチームで活用する事例
- 5 そのまま使える「Google SketchUp 子ども用テキスト」

第七章　日本を好きになる　日本を誇りに思う
観光・まちづくりの授業 ———————————————— 151

1 持続可能なまちづくり～東日本大震災からの復興を子どもたちが提案する ——— 152
　　① 日本は奇跡的な復興を何度も経験してきた
　　② 近代から現代までの復興のポイントはそれぞれ何か
　　　　1. 関東大震災／2. 東京大空襲／3. 阪神・淡路大震災
　　③ 東日本大震災からの復興をどう考えるか（わたしたちのアイデア）
　　④ 未来のインフラをささえるエネルギーをどうするか

2 「地域の宝」を再発見させる観光の授業 ——————————— 159
　　□ 新しい観光をつなぐ広域観光の学習

3 日本が好きになる「伝統文化」の授業 ——————————— 162
　　① 伝統文化を理解する
　　② 私たち自身が文化財である
　　③ 地域の民族舞踊をPRしよう（島根県の例）

4 「日本にある世界の宝」を考える世界遺産の授業 ————————— 166
　　① 世界遺産とは
　　② 世界遺産を教えるときの3つの視点
　　　　1. なぜ世界遺産を授業で取り上げるのか？
　　　　2. 世界遺産をどのように授業で取り上げるのか？
　　③ 世界遺産テキストを使った学習
　　　　1. 世界遺産を探してみよう／2. 日本で最初に登録された世界遺産
　　　　3. 姫路城はなぜ世界遺産に登録されたか？／4. 日本の世界遺産を調べよう

第八章　今の社会科教育をどう変えていくのか ———————— 169

社会科授業で「脱皮」したい「四つの欠如」 ———————————— 170
　　① 過度な子ども中心主義を脱皮すべきである
　　② 授業システムの欠如を脱皮すべきである
　　③ 技術や技能を軽視する授業から脱皮すべきである
　　④ 自分の国や地域に対する誇りのない授業を脱皮すべきである

第一章

社会科授業のここを点検しよう

保護者もみているポイント

1 知識をきちんと教えること

　社会科の授業で第一に点検すべきなのは、どの子も確実に習得できるはずの「知識」がなおざりにされていないかどうかである。
　思いつくままに挙げてみる。
　例えば次のような知識は、一人の例外もなく、全員の子どもに保障されているだろうか。

① 主な地図記号を10個程度
② 主な年号を10個程度
③ 主な歴史上の人物名を10名程度
④ 47都道府県の場所
⑤ 47都道府県の県庁所在地

　他にもあるだろう。このような、ごくごく基本的な知識は、覚えていることが前提でなければならない。そうでないと次へ進むことができない。
　当然のことだが、これを単に「覚えなさい」と言って暗記させることで終わりではない。そのような指導ならどんな素人でもできる。
　IT機器やインターネットを活用する。年表を書かせる。トレース紙で写し取らせる。フラッシュカードやカルタを活用する。略地図を描かせる。ゲーム化する……。さまざまに工夫を凝らして、子どもたちを熱中させ、覚えることが大好きになるように指導するのが教師の腕だ。

2 知識を習得させるための条件とは

　小学生に、授業の中で、何かを暗記させるには、次の条件が必要だ。

① 楽しいこと。
② 毎時間繰り返すこと。
③ 具体的に褒めること。

　その学習が楽しいことは必須条件である。教師は明るく授業をしなければいけな

い。リズムよく、テンポよく、子どもたちが楽しく学習を進めるようにしてやらなければならない。楽しいと感じている中で得た知識は覚えやすいと言われている。

また、暗記させるには、どうしても反復練習が必要だ。

こうした地図記号や都道府県等の基本的な知識については、それが教科書に出てきた時に単発で教えても、絶対に身につけさせることはできない。

毎時間少しずつ扱う方が、結局は覚えさせられる。授業の開始のほんの5分だけでいい。フラッシュカードや、カルタなど、社会科の毎時間の授業で少しずつ取り入れていくのである。その時間のメインの学習と何の関係もなくてよい。授業をパーツに分けて組み立てるのである。

そして、具体的に褒める。

「合格」

「百点」

「前は言えなかったのに今日は言えた」

「大きな声で言えた」

「丁寧に描けた」

「すばやく取り組めた」……

などのことを力強く言ってやる。

楽しいこと。毎時間繰り返すこと。具体的に褒めること。

この三つが満たされれば、子どもたちは覚えることが大好きになる。

3 情報を読み取る方法を教えよう

第二に見直すべきなのは、どの子も確実に習得できるはずの「方法」もまた、なおざりにされている点である。

思いつくままに挙げてみる。

例えば次のような方法は、一人の例外もなく、全員の子どもに保障されているだろうか。

① グラフから情報を読み取る方法
② 絵や写真から情報を読み取る方法
③ 地図帳から情報を読み取る方法
④ 調べたことをノートにまとめる方法

まだまだ他にもあるだろう。
例えば、教科書に載っているグラフを取り上げて授業をする場面。
ほとんどの教師は、そのグラフから読み取れる知識そのものを教えようとする。
これに対して、よく勉強している教師ほど「その知識を読み取るための方法」を教えようとする。
グラフであれば

① 「タイトル、出典、年度」の3つをノートに書かせる。
② 「縦軸と横軸」のスケールを確認させる。
③ 「変化の傾向」の5つの代表的なパターンを教えた上で、そのグラフはどの傾向に該当するかを指摘させる。
④ 何が原因でその変化が起きたのか。
　それを示している資料を、教科書の本文や資料集などから探させる。
⑤ 原因と結果を短くノートにまとめさせる。

このような「グラフから情報を読み取る方法」を、いくつかのグラフで、何度か繰り返して教える。
いったん身につけると、新しいグラフを見たときでも、今度は自分たちの力で、同様の方法で、情報を読み取れるようになる。
その際、例えば次のような微細な方法も同時に教えている。

① 線で結ばせる。
② なぞらせる。
③ 別のグラフを重ねさせる。
④ 指でたどらせる。
⑤ 数値を書きこませる。

絵や写真から情報を読み取る場合でも、地図帳から情報を読み取る場合でも、このような典型的な処理方法が存在する。
これもまた、本時の学習内容と関連がなくても、授業をパーツ分けして、計画的に扱うとよい。思いつきのように単発で指導しても、身につかない。
そして、楽しく、子どもたちが熱中するような展開で教えることができるのが、やはり教師の腕なのだ。

第一章　社会科授業のここを点検しよう　保護者もみているポイント

4　ものごとの原理をわかりやすく教えよう

　第三に見直すべきなのは「ものごとの原理」をどのように教えているか、ということである。
　これまでに、例えば次のような内容の授業を、研究授業等で私は提案してきた。

信託
生命保険
商圏
金融のしくみ
高レベル放射性廃棄物
脱炭素化社会……

　小学生に教えるにはどれも難しいと思える内容だ。しかし、どんなに難しい概念でも、工夫しだいで小学生にわかるように教えることができるのである。
　ごく概略を述べると、次のような手順を踏めばよい。

1　概念を一言で定義する

　まず、教師自身がその概念をわかりやすくとらえていなければならない。「信託」とは、ひとことで言ってどんなことかが、小学生にわかる言葉で言えなければならない。

2　子どもの身近な事例をつかって基本形をつくる

　次に、子どもたちが身近に感じる事例を挙げて、その概念を図式的に表現する。私は信託を「託す人」「託される人」「守られる人」という三角形で表現した。
　その事例として、「ママ」と、大切なわが子の「幼児」と、「託児所」を取り上げた。

3　その基本形を変化させながら、何度か繰り返す

　全く同じ基本形を使って、少しずつ本来の信託に近い事例を取り上げる。映画の「レインマン」や絵本の「ピーターラビット」などを取り上げた。

4 別の事例をあてはめさせる

　その基本形に、今度は子どもたちが別の事例をあてはめるようにさせる。私は「日本国憲法」でその作業をさせた。

5 問題を絞り込んで討論する

　このような「信託」などの定義を、無計画に子どもたちに考えさせていたら、どんなに時間があっても足りない。型を示して教え、それをもとに考えさせると他のケースでも、わかるのだ。

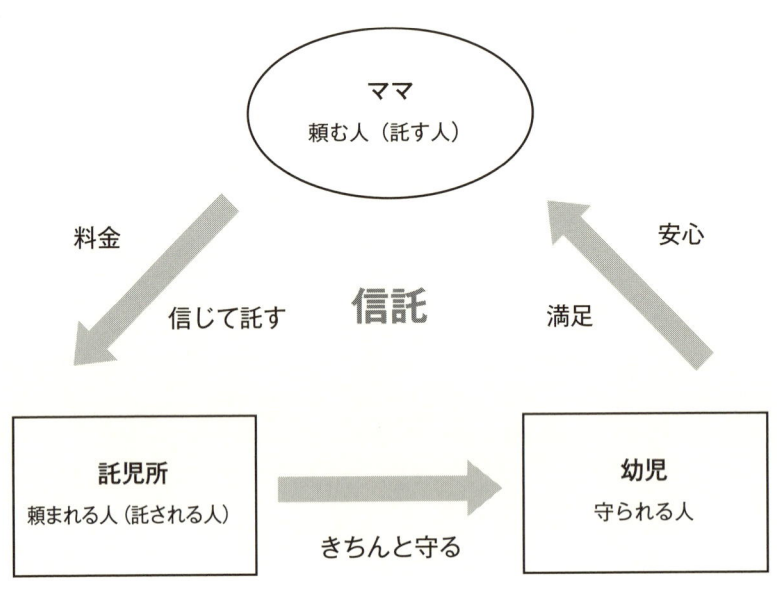

子どもを社会科好きにする授業

4つのポイント

1 ポイント1　余計な儀式をしない　すぐ授業に入る

1 形式的なあいさつはしない

「起立」「礼」「着席」。日本中多くの学校で毎時間授業の最初にやられていることだ。確かにあいさつは大切である。朝のあいさつ、食事のあいさつ、帰りのあいさつ、お客さんなどへのあいさつ。これらはきちんと指導する。

しかし、毎日毎時間の授業全てにこのようなあいさつは本当に必要なのだろうか。

授業時間は年間に1000時間近くある。その毎時間の始まりを形式的なあいさつから始めている。あいさつだけなら、まだいい。

「○○君、姿勢をちゃんとして下さい」「まだみんなそろっていません。もう少し待ちましょう」「○○君が礼をしていません」「やり直します」

このような指導が入る。1分かかったら、年間に1000分。16時間と少しである。2分かかったら2000分だ。30時間以上あいさつに費やすことになる。そして、本当にこれであいさつができるようになるのだろうか。経験上、決してそんなことはない。あいさつの時間の儀式をやめて授業に入ればいい。すぐに授業に突入するのである。

授業開始15秒で子どもたちをまきこみ、集中させるのが理想的だ。

授業開始5分では、正直言って遅い。45分の授業にはパーツがある。粗く言って一つのパーツが5分。集中させるのに5分もかかっていたら、一つのパーツが全部終わってしまう。

15秒で集中させるためには、そもそも形式的なあいさつなどをしていたらだめだ。普段の授業でも、研究授業でも、参観日でも、私はいつも「授業開始のあいさつ」をしなかった。

大学の講義でも「授業開始の形式的なあいさつ」の弊害を説いている。最初は「礼儀が大切ではないのですか」などと言って納得しない学生もいる。もちろん礼儀は大切だ。そんなことはあたりまえである。そのことと、毎回毎回の授業開始の「機械的で」「形式的で」「教師の叱責から始まる」「くだらない」あいさつとは、別のことである。

一学期が終わりになるころ、やっと、「授業開始のあいさつをしない」ということの良さを、納得してくれる学生が、チラホラ出てきた。理屈では絶対に納得しない。

「子どもたちが自然に学習内容に巻き込まれていく」ということの良さを言って

第二章　子どもを社会科好きにする授業　４つのポイント

も、納得しない。
　発達障害の子どもたちに「情緒的なこじれが生じる」ことを言っても、どうしても納得しないのだ。
　学生には「腹の底からの実感」がないからだろう。
　それでも、私の教室のビデオを見せたりして、いきなり突入する授業のイメージを持たせてはきた。でも、何といっても、一番効果があるのは、私自身が、この講義で「それを実践すること」である。
　160人の大学生が、バラバラな状態である。
　お菓子は食べている。ドーナツは食べている。ジュースは飲んでいる。携帯電話は見ている。その辺で大声でしゃべっている。席を離れて話し込んでいるのもいる。
　ほとんど崩壊しているような状態だ。
　その状態の中、私はいつも前おきなしで講義に入っていく。
　毎回、私がいきなり授業を開始するので、少しずつそのことを感想に書く学生が出てきたのである。

> 今日は、正直、授業を受ける前は、受けるの面倒くさいなー、ねむいなーと思っていたのですが、いきなり日本列島のゲームが始まって、知らないうちに熱中していて、ねむいのも忘れてしまいました。

> 子どもたちもやる気がなかったり、ざわついて授業が始まらない状況というのはよくあると思います。
> 谷先生の授業の始め方のように前おきや、小さな注意などをしないで、いきなり活動を始めることによって、しっかりとケジメがつくのだなと感じました。

> 毎回の講義の始まりで、160人もの大学生を静かにさせ、スムーズに講義を始めていく方法もさまざまであるなと実感しました。

　これとは正反対の授業の始め方もある。

> ○○大学の講義で、時間になっても一向に始まる気配がなく、私は、まだ先生の準備ができていないのだと思って、おしゃべりをし、待っていました。
> しかし、15分位たって、
> 「あなたたちは大学生にまでなって、いつまでおしゃべりをしているの？」と、

> 怒られました。
> そういう事もあって、私は谷先生のやり方が好きで、自分も取り入れていきたいと思っています。

この感想を読んで、絶句した。
まるで、小学校の下手な初任者の、それも授業以前のひどい授業だ。まして大学生にこんな方法を使っても、かえって逆効果だということくらいわかりそうなものだ。

2 授業の導入のしかた　その実例

例えば次のような入り方がある。

① フラッシュカード
② 地図帳を使った地名探し

実際の授業では次のようになる。

① 教室に入る。
② フラッシュカードを取り出す。
③ 子どもたちの前に立つ。
④ （地図記号のカードを提示し）「学校」と教師が言う。
⑤ 子どもたちが「学校」と繰り返す。
⑥ このようなカードを5枚ほど。毎時間変えてやる。

これがフラッシュカードのパターンだ。休み時間後、たとえ数人しか教室にいなくても上記のように始めてしまう。地図帳を使った地名探しだと次のようになる。

① 教室に入る。
② 黒板に地図帳のページ数と今日の問題数の番号を書く。
③ 教師（慣れてきたら子ども）が1番の問題を書く……：例「相生」
④ 見つけた子は地図帳に赤鉛筆で地名を囲んで立つ。
⑤ 立った子どもたちに「1、2……」と番号をつけていく。
⑥ 10名ほどで「立っている人、教えてあげなさい」と言う。

⑦ 1～6を繰り返す。

　このような授業を一年間ずっと続けたらどうだろう。
　社会の時間、毎時間毎時間フラッシュカードをやる。
　子どもたちは知らず知らずのうちに基礎的な知識を身につける。
　社会の時間の始まりに毎時間必ず地図帳を開く。
　子どもたちは休み時間から帰ってきて、地図帳をあけ、さまざまな地名を探すようになる。
　授業最初の1、2分だけで地図帳を使う技能や都道府県名、地名など地理的な知識を覚えてしまう。
　これらは全て、授業のあいさつの時間にできることである。

3 自然に授業に入ると発達障害の子どもたちも安定

　形式的なあいさつをせず、時間がきたら自然に、スーッと授業を始めればよい。
　それは、特別支援を要する子どもたちをも安定させることになる。
　例えば自閉症の子どもたちはスケジュールが決まっていると安定するが、何をやるのか見通しがつかないと不安になる傾向がある。
　これを同一性保持と呼んでいる。
　例えば社会の授業の最初は必ずフラッシュカードをやるんだと子どもがわかるとどうだろう。
　子どもは安心して授業の最初から入ることができる。
　特別支援を要する子どもたち、今まで授業中参加できず困っていた子どもたちが、始めから食いついて授業に参加するようになる。
　そして一年間、情緒も安定し、クラス全体も落ち着いてくる。
　授業開始のあいさつは、特別支援を要する子どもたちは「いつ始まるのか」「いつ怒られるのか」不安になる。
　授業にいきなり突入するから、授業もクラスも安定するのである。

2 授業開始で子どもたちを集中させる3つの条件

　それでは、授業の最初に子どもたちを集中させるための、いくつかの初歩的な条件を解説しておこう。

1 すぐに授業に入ること

繰り返しになるが、前おきをしないでいきなり授業を開始することが最も大切だ。教室に全員がそろっていなくても、チャイムが鳴ったら始める。

その時に重要なのは「活動や作業をさせること」である。

フラッシュカードや百玉ソロバン、暗唱や音読、あるいは「ノートに短く書かせる」など、できるだけ早く活動をさせるとよい。

2 自然なこと

これも繰り返しになるが、初歩的な条件の二番目は「自然なこと」である。

開始15秒で生徒の心をつかむからといって、毎時間のように奇を衒った導入をする必要はない。たまにはあっと驚く導入があってもいいが、そればかり追究するのはむしろ逆効果である。

自然に授業に入る方がよい。その時に重要なのは「明るいこと」と「叱らないこと」である。教師が底抜けに明るいムードで最初の作業を指示を出す。

やらない子がいてもすぐに叱ったりしない。叱らないでその子をなんとかしようと思うから工夫が生まれるのだ。

3 指示が短いこと

導入の指示は端的なのがよい。

その時に重要なのは「何をするのかがクッキリとわかること」である。

フラッシュカードであれば「はい」と言うだけ。地図帳の検索なら「松山」のように地名を言うだけ。

端的に指示して、何をするのかが明確にわかることが大切である。

3 ポイント2　授業をパーツで組み立てる

45分間、一つのことをやり続けると子どもたちはあきてしまう。特に特別支援を要する子どもたちは、長い活動を嫌う。途中で立ち歩く、独り言を言う、きょろきょろする……。45分間ずっと座って活動することを脳が受け付けない子どもがいるのである。そこで、授業をいくつかのパーツに分けて行う。私の場合、大まかに次のような感じだ。

＜3年生の場合＞

① 地図記号フラッシュカード（5分程度）
② 地図の直写（10分程度）
③ 教科書や副読本の内容（30分程度）

＜4、5年生の場合＞
① 地図帳の地名探し（5分程度）
② 地図書き練習（アメーバーゲーム、略地図テスト）（10分程度）
③ 教科書や副読本の内容（30分程度）

＜6年生の場合＞
① 歴史人物フラッシュカード（5分）
② 人物調べ（15分）
③ 教科書の内容（25分）

1時間の中に、大体3つか4つ、多いときには5つくらいのパーツを行う。次から次へと活動が移るので、子どもたちは飽きずに楽しそうに活動する。

① 導入（フラッシュカードなど……5分程度）
② 作業（地図を書く、人物調べなど……15分程度）
③ 教科書などの単元の内容（20分程度）

このように授業を考えてみると、教師も子どもも楽に楽しく、そして力のつく授業を構成できる。
例えば、最初のフラッシュカードだけでも次のような種類がある。

① 地図記号
② 都道府県名
③ 歴史人物
④ 時代名
⑤ 三権分立などの重要語句

地図記号なら表に地図記号、裏に記号名を書いておく。一度にするカードは5～7枚までが妥当であろう。これを毎時間行うことが1パーツ目。

子どもたちが教室にそろっていなくても始めてしまう。遅れてきた子どもたちは急いで教室に入ることになるだろう。フラッシュカードの最後の方には全員そろってくる。一人一人クイズ形式にすることもフラッシュカードなら可能だ。
　そして次の２パーツ目の作業に、全員そろって突入できるのである。子どもたちは上記にあげたような作業が大好きである。しーんとして取り組む、もしくは教室中が熱中して取り組むようになる。授業の中に「熱中する」「しーんとする」状態が自然に無理なく出てくるのも、授業をパーツに分ける利点でもある。
　慣れてくると、２パーツ目の作業的な学習は、例えば「人物調べ、始め」のように教師のごくごく短い指示で始められるようになる。ここで授業に熱中してしまうのである。
　そして、その熱中のまま、教科書や副読本などの単元の内容に入る。例えば教科書を読むなど、日頃ならあきるような活動でも、この流れだと始めから子どもたちは集中してくる。もちろん授業内容に入ってもパーツの考え方で作っていくのがよい。次のような進め方があるだろう。

① 写真やグラフなどの資料の読み取り
② 意見の整理
③ 討論（おかしいものは何ですか）

　例えば５年生の農業なら、始めに教科書の写真の読み取り、その意見を黒板に子どもに書かせていき、「おかしいものはどれですか」と聞く。これだけで討論の授業につながっていくだろう。そこで問題になったことを調べてみようとなり、調べ学習にもつながる。
　授業をパーツで組み立てることは、子どもたちも熱中するとともに、一つ一つやることや目標がはっきりするので、子どもたちの力がつくことにもつながるのである。

4　ポイント３　全員を動かす作業指示

　授業における教師の行為は次の３つに分けることができる。

① 発問
② 作業指示

③ 評価

　たまに「発問」なのか「指示」なのかわからない教師の言葉に出くわす。「この写真は……冬？……の写真……なのかなあ……？」などのような感じだ。これでは意味がわかるのはクラスの一部の子だけである。気の利く子どもたちが何かを答えるだけで、全員には伝わらない。特に発達障害の子どもは何をするのか具体的にイメージできなければ、動くことはできない。

　何をすればいいのか、子どもが具体的にわかる。これが作業指示だ。

　例えば一枚の写真を見せる。次のように作業指示を行う。

　写真を見て、わかったこと、気がついたこと、思ったことを、ノートにできるだけたくさん箇条書きにしなさい。

　発問だけだったら、次のようになる。

　この写真を見て、何がわかりますか（何に気づきますか）。

　上記の下線部分が作業指示だ。

① ノートに書きなさい。
② 手をあげなさい。
③ 相談しなさい。
④ 先生に言いに来なさい。
⑤ 指でさしなさい。

　発達障害の子どもが、具体的に行動できるよう指示することが、全員に伝わる作業指示を行うことにつながる。

　以下、社会科で使える作業指示を列挙してみる。

① （地図帳で）○○市を指さしなさい。
② グラフの傾きを指でなぞりなさい。
③ 教科書に線を引きなさい。
④ 考えをノートに書きなさい。

⑤ 先生のあとについて読みなさい。
⑥ ３つ書けた人から立ちなさい。
⑦ おとなりの人と話し合いなさい。

　作業指示とは、全員の子どもが動くことである。具体的であればあるほどいい。「読む」「書く」「話し合う」「指さす」等、子どもは動きを伴うことにより、脳が活性化される。反対にずっと座ってばかりだと、あきてきて、発達障害の子どもたちは動きたくなる。
　全員が動ける作業指示を行うことは、全員が体を動かすことであり、それが脳を活性化させ、より授業に参加できるようになることにつながる。
　さて、このとき大切なのが「評価」である。
　評価があるから、全員の子どもたちが動く。

① できたら、できましたと言います。
② 書けた人、手をあげてごらんなさい。
③ おとなりの人と、確認してごらんなさい。

　一番いけないのが、できた子もできない子も何も言われない状態である。作業指示をし、クラスの中にやっている子とやっていない子がいる状況があっては教室が緩む（もちろん何らかの理由が有る場合は除いてである）。やらなくていいんだ、どうせ先生は見ていないんだ……ということになる。
　作業指示の後、やった子がほめられる。これが一番である。やっていない子には促してあげる。やらなくてはいけない状況に教師がしてあげる。だからこそ、子どもたちに力がつくのである。さて、問題はそれでもわからない、できない子どもたちである。
　例えば「ノートに３つ書けた子から持ってらっしゃい」と指示し、その子に黒板に書かせていく。
　次の指示が重要だ。

　黒板の意見を参考にしてもいいのですよ。

　全員ができる手立てをうっていくことが重要である。

5 ポイント4 発達障害の子を含めた一斉指導のコツを体得する

　発達障害とは、多くの場合、ADHD（注意欠陥多動性障害）、LD（学習障害）、高機能自閉症などの障害を呼ぶ。文部科学省は普通学級に発達障害の子どもたちが6.3％いると発表している。他国の報告、また我が国の医師その他専門家の報告では10％という数字も出ているので、40人学級だと2～3人以上、発達障害の子どもたちがいると考える方がいい。

　この子どもたちに多く見られる特徴は、ワーキングメモリと言われる作業記憶が少ないということである。

　普通、人間は一度に4つから7つの事柄を同時に覚えることができる。車のナンバー、郵便番号、電話番号……、私たちの周りの数字は4つから7つの場合が多いのもこれが原因だ。

　しかし、発達障害の子どもたちの中にはワーキングメモリが1個の子が存在する。

　授業で重要なのは次のことである。

　一時に一事

　一つずつ指示し、一つずつ評価する。例えば次の指示は発達障害の子には絶対通じない。

　教科書の24ページをあけて、3番の問題を、ノートにやりなさい。
　やり終わったら、帰る用意をしておくのですよ。

　こう言うと、必ず「えっ、どこやるの？」と言う子が1人か2人教室にいる。教師はもう一度ゆっくり説明する。

　「あのね、もう一度言うよ。教科書のね、24ページのね、3番ね、その問題をノートにやって……」

　こう言ってもまた「えっ、どこやるの？」と言う。

　「よく聞いていなさい」と教師は怒ってしまう。どこの教室でもよく見られる光景だ。

　これは教師が悪い。次のように行えば一度に解決する。

① （教科書を見せながら）教科書を出します。（確認）
　よくできましたね。
② 24ページを開けます。開けたら開けましたと言います。
　えらいですね。
③ 3番の問題を指さしなさい。おとなりと確認します。
　えらいですね。

　前述したように、授業は「発問」「作業指示」「評価」で構成される。重要なのは、これらを一度にいくつも言わず、一つ一つやっていくことである。これで発達障害の子どもたちを含めた全員の子ができるようになり、そして全員の子がほめられ、気持ちよく学習できるようになる。
　さて、社会科の場合、更に発達障害の子どもたちが喜びやすい要素がたくさんある。
　例えば、自閉症の子どもたちは、規則正しい配列の物を激しく好む傾向がある。鉄道の駅を順番に全て覚えたり、国旗や地図が好きなのもこれが原因している。ADHDの子どもは、常に負けず嫌いで、数多く物事を書けば書くほど喜ぶ傾向がある。また細かいものをずっと集中して見るのも、発達障害の子どもたちの傾向でもある。
　そんな傾向とうまくマッチするのが次のような社会科の授業である。

① 地図帳を使った地名探し（地図をずっと見ているのが好きである）
② 写真や絵から、わかったこと、気がついたこと、思ったことをノートに箇条書きにすること（細かい物を見るのが好き、箇条書きにし、数がはっきりすると自分で嬉しくなる）
③ 社会見学に行って、目についた物をできるだけたくさん箇条書きにすること（簡単、箇条書きの理由は同上）
④ 国旗や都道府県の県章のフラッシュカード（シンボルが好き）
⑤ 地図やイラストの直写（写すのが好き）

　これらの授業方法は、全て東京の小学校教師であった向山洋一氏が提唱したものばかりである。向山型社会と呼ばれ、長い間、向山型社会を実践してきた全国の教師によって、発達障害の子どもたちへの効果が実証されている。全てに共通するのが「簡単」「間違わない」「誰にでもできる」ことである。上記の問いには正解があ

るわけではなく、誰でも必ず取り組むことができる。
　発達障害の子どもたちにとって重要なのが次の言葉だ。

エラーレスラーニング

　間違わせることなく、成功体験を積む学習方法である。成功体験の連続、その結果の称賛によって、発達障害の子どもたちに負担なく学力がつく。

第三章

ノートを見れば授業がわかる

実物で紹介する
社会科におけるノート指導の典型例

1 子どもが満足感を持つ「見開き2ページのまとめ」

1 うっとりするぐらいきれいに

ノートのまとめは「見開き2ページでまとめる」方式がおすすめである。

見開き2ページという限られたスペースにすることで、かえって子どもたちが自由に思考できる。「見開き2ページ」と限定されているからこそ、子どもたちはその中に何が必要で、何を削ればよいのか考えるわけだ。

作業をするときに、子どもたちに次のように指示するとよい。

うっとりするぐらいにきれいに書きなさい。
絵や図を入れて描くのですよ。

2 評定の仕方でやる気を引き出す

作成していると、タイトルを上手に書く子やイラストをうまく挿入する子が出てくる。

そういう子のノートをとりあげ、学級内で紹介して褒めるようにする。

なかなか書くことができない子どもも、それらを参考にして書くようになる。

こうすると学級全体のノートのレベルが上がる。

また、教師自身が何種類かのまとめのノートを作っておくことも大切だ。

自分で作ってみれば、子どもたちへの指導がより具体的になる。

私は、かつて担任した子どもたちのノートもスキャニングして、大切にとってある。先輩たちのノートを見せて参考にさせることもある。

始める前、あるいは作成している途中で、評定をすることを伝えるとよい。

通常は「合格」だけでいいだろう。

時にはA、B、Cで評定し、Cだったら書き直すということを伝えることもある。

作成途中の段階で伝えるから、書き直しになっても仕方のないことだと納得する。

子どもたちは熱中して取り組むが、これを全単元でやらせたりしてはいけない。

多くても年に数回程度だ。

次に紹介したのは一緒に研究会で勉強している仲間の先生のクラスの子どもたちのノートである。

とてもよく指導されている。参考になるだろう。

第三章　ノートを見れば授業がわかる　実物で紹介する社会科におけるノート指導の典型例

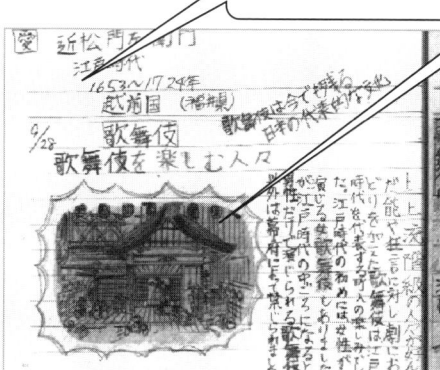

- 日付やタイトルを入れる。
- トレース紙で写し取ったものを小さく貼らせる場合もある。 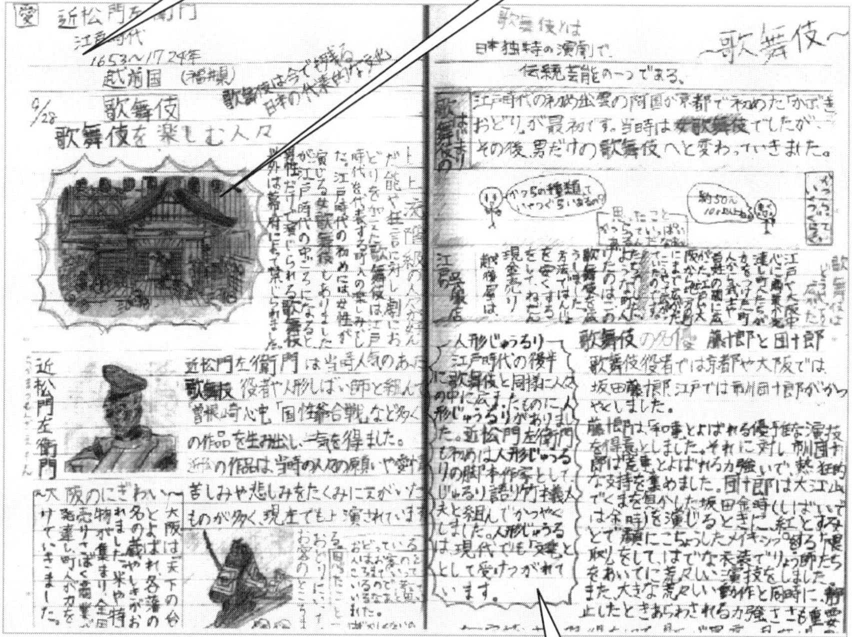
- 吹き出しやキャラクターなども有効に使う。 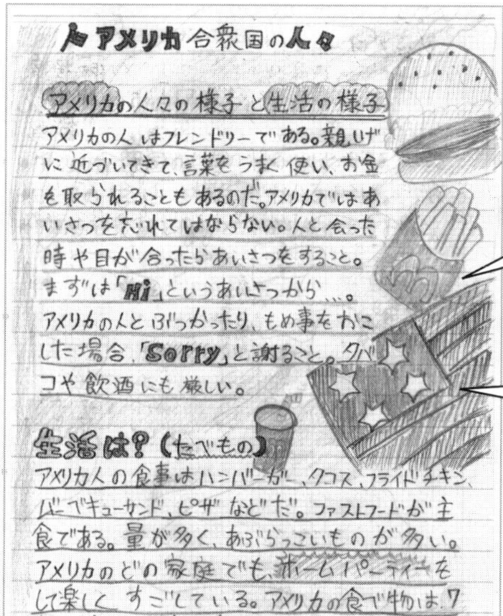
- イラストなどを入れると、楽しいまとめになる。
- 全体的に色鉛筆を上手に使っている。色のこさを調節できるので、とてもきれいにまとめをすることができる。※
- 意味の分からない言葉を丸写しさせないようにする。

※掲載したノートは色鉛筆で書かれている。

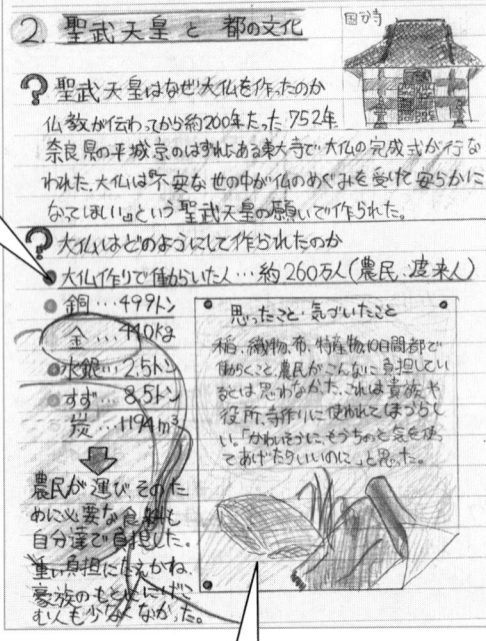

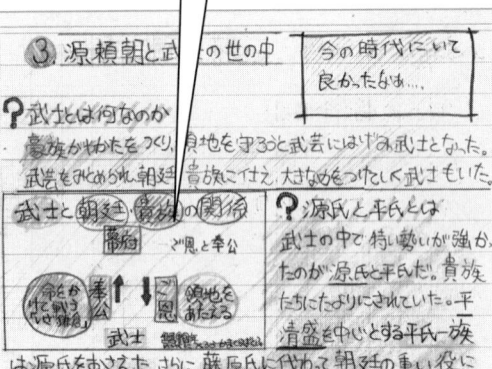

調べた「数字」を入れると、まとめがより具体的になる。特に「大仏づくり」のまとめでは、できるだけ数字を入れさせるようにする。

ものごとの関係を表すには図が便利である。パッと見るだけで、ものごとの関係をイメージすることができるのである。矢印を上手に使わせると良い。

まとめをするまでの授業や、ノートのまとめをしていく間に、子どもたちはさまざまなことを考えながら学習している。そういった感想などもまとめに書かせていくとその子だけのオリジナルのまとめが仕上がる。

上手なまとめは教室内に掲示することもある。また、次のまとめ作業のときにプリントして配布することもある。友達の上手なまとめを見ることで、イメージが膨らむからである。

2 どの子も上手にまとめることができる「調べ学習のノート」

1 辞典・百科事典などを活用する

　5年生の学習では、「国土の位置、地形や気候の概要、気候条件から見て特色ある地域の人々の生活」を調べる内容が含まれている。

　具体的な内容としては暖かい地方と寒い地方の特色あるくらしを調べていくということである。

　この単元では討論をすることができるだろう。

　向山氏は「雪国の人は損をしているか、していないのか」という内容で討論を行った。

　暖かい地域と寒い地域のどちらに住みたいか、という内容で討論を行うこともあり得るだろう。

　どちらにしても、それぞれの地域について詳しく調べておく必要がある。

　子どもに調べ学習をさせるときには、安易にインターネットで調べ学習をさせてはいけない。

　インターネットはさまざまな情報があるため、子どもが調べ学習の時間をすべて使っても「結局何もわからなかった」ということがよくある。

　まずは辞典・百科事典などで調べ、次は書籍で調べるようにする。

　例えば沖縄県について調べる場合を考えてみる。

　沖縄県について調べるといっても、その内容をある程度決めておいた方がよい。

　例えば「住まい、着るもの、食べ物」などである。

　こうすることで何を調べたらいいのかわからないという子はいなくなる。

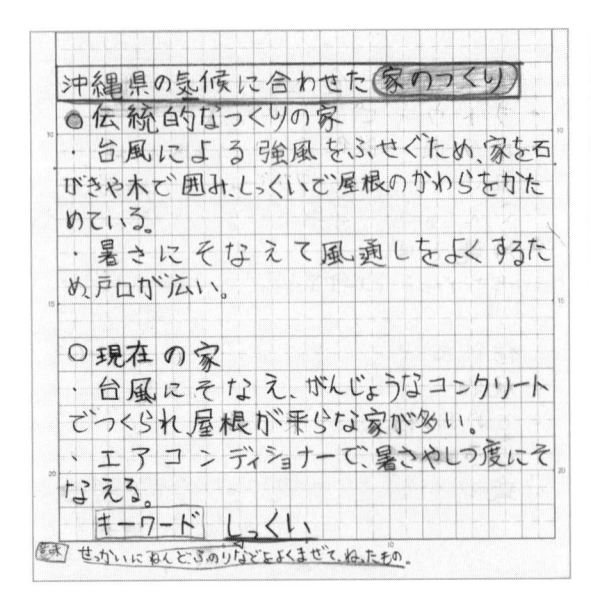

> 沖縄県の気候に合わせた 家のつくり
> ○伝統的なつくりの家
> ・台風による強風をふせぐため、家を石がきや木で囲み、しっくいで屋根のかわらをかためている。
> ・暑さにそなえて風通しをよくするため戸口が広い。
>
> ○現在の家
> ・台風にそなえ、がんじょうなコンクリートでつくられ屋根が平らな家が多い。
> ・エアコンディショナーで、暑さやしつ度にそなえる。
>   キーワード　しっくい
> 意味　せっかいにふのりなどをよくまぜて、ねたもの。

百科事典で「沖縄」を調べたときのノートである（前ページも同様）。この単元までに百科事典の調べ方を教えておく必要がある。
本・書籍が見つからない子には教科書・資料集などを調べさせるとよい。
また、長い文章は短くまとめさせるとよい。文章の丸写しはさせないようにする。

2 調べたことを観光パンフレットにする

次は調べ学習を発展させた「観光パンフレット作り」のノートである。

新学習指導要領解説の社会編に「観光」という言葉が入った。

観光の学習は、たくさんの可能性を秘めている。

教師の発想によってさまざまな実践が可能になる。

自分の住む地域を他の人に知ってもらうため、パンフレット作り、ポスター作り、看板作り、紹介ビデオ作成、ホームページ作成……など、さまざまなことができる。

このような活動を通して、子どもたちが自分のまちのよさを発見し、まちを好きになり、自分のまちに誇りを持てるようにしていきたい。

授業では、いくつかの観光資源について扱った後、子どもたちに次のように聞く。

自分たちの住むまちで観光資源としてふさわしいものは何ですか。

子どもたちから、いくつかの場所や建物などが出されるだろう。

そのうち、人気のある場所や建物を2つ選ぶ。

そして、どちらが観光資源としてふさわしいか、討論をすることを伝える。

ここで、自分の選んだ観光資源について詳しく調べさせる。

第三章　ノートを見れば授業がわかる　実物で紹介する社会科におけるノート指導の典型例

　この調べ学習が討論の内容を深め、後の観光パンフレット作りに役立つのである。
　実際に討論に入れば、自分が選んだ場所や建物のよさをより深く考えることになる。
　また、自分が調べていない場所や建物などについても、違った角度からの意見を聞くことでそのよさがわかるようになる。
　この討論と同時進行で、子どもたちから出された観光資源にふさわしい場所や建物などの写真を撮るようにしておく。
　これは放課後に時間がある子どもたちに頼めばよい。
　学校のデジタルカメラを渡し、観光資源として出された場所を撮ってきてもらえばいい。
　この写真は討論後のパンフレット作りに使う。
　撮ってきた写真のうち、パンフレットに使えるものを教師が選んでおく。
　印刷するときはコピー用紙で構わない。
　討論を行った後、自分が選んだ観光資源を他の人に紹介するためのパンフレット作りをすることを伝える。
　パンフレット作成の作業はノートで行うことがポイントだ。
　途中でなくしたり、家に忘れてきたりするということが少なくなる。
　ノートで作成したものをパンフレットにするには、完成したページをカラーコピーし、画用紙に貼らせればよい。
　パンフレット作りの第１歩はキャッチコピーをどうするかを考えさせることだ。
　誰を対象にしたパンフレットを作るのかによって、内容が変わってくる。
　その象徴となるのがキャッチコピーである。
　キャッチコピーの内容が対象者

37

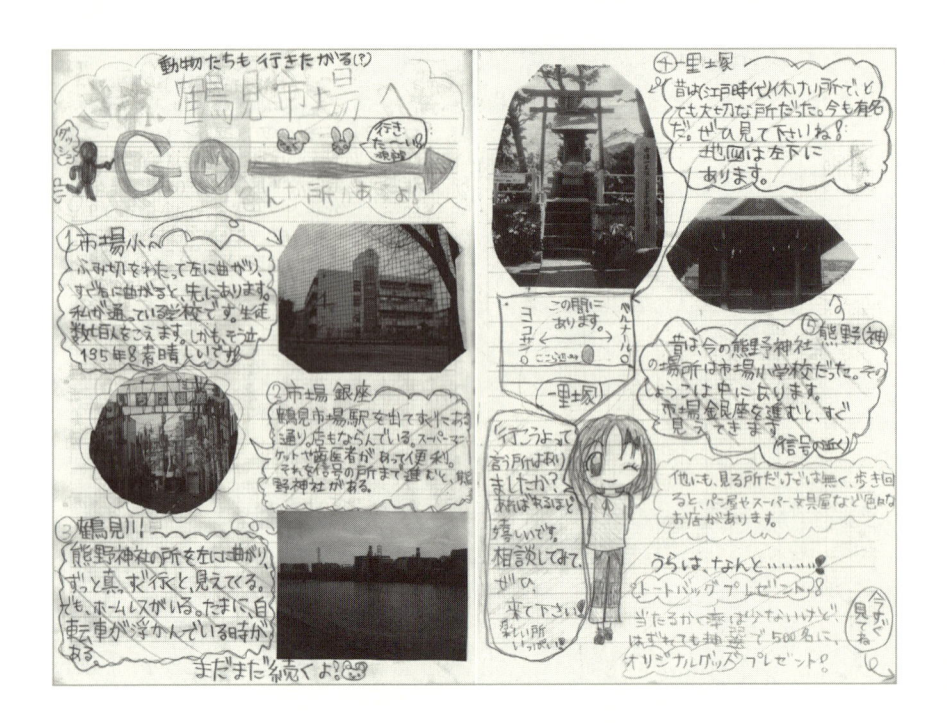

に合うものであれば次の段階へ移る。

次はラフ案をノートに書かせる。

ノート4ページ分に、タイトル（キャッチコピー）やレイアウトを描かせ、できたら教師がチェックする。

合格した子から実際にパンフレット作りに入る。

調べ学習でノートに書いたことを中心に、レイアウトにそってまとめさせていく。

パンフレット作りの途中で書き足したいことなどがあれば、書き足しをさせればよい。

写真を使いたい子は、教師が用意した写真を使わせる。

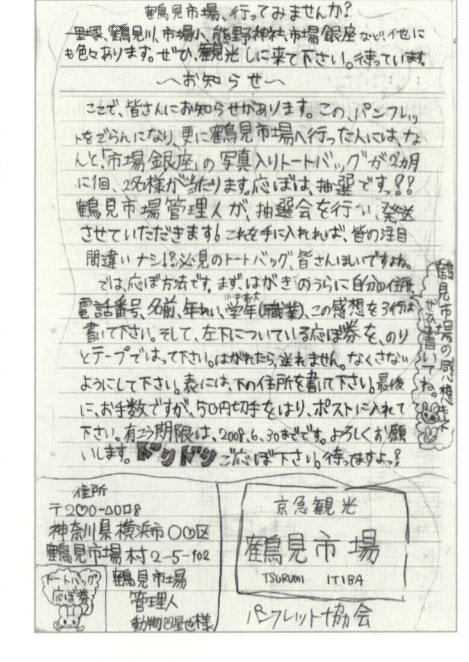

写真の周りには、調べた内容を書くようにしていけばよいだろう。
　作成中に学級内の良い作品を紹介していくと、全体のレベルが上がる。良いイメージを持たせることも大切である。

③ 現場の情報を処理する方法を教える「見学のノート」
1 目についたことを全部記録させる
　5年生の学習で、社会科見学に行くことになったとしよう。
　行き先は自動車工場である。
　さて、あなたなら工場見学の際に子どもたちに何を準備させ、何を記録させるだろうか。また、それをどのような言葉で伝えるのだろうか。
　すこし立ち止まって考えてみてほしい。
　多くの場合、子どもたちが見学に行ったとき「工場見学のしおり」をもらうだろう。
　しおりをもらった場合は、そのしおりに記入することが多い。
　書くことと言えば、工場で見学担当者になっている方の説明である。
　説明を聞きながらしおりにメモをしたり、キーワードを書いたりする。
　聞きながら頭の中で要点を見つけ出し、それを書いていく。
　本来なら、メモをとったページが後の学習に生きる形になっていた方がいい。
　全員の子にそれができるかといえば、かなり難しいのではないだろうか。
　あなたならどのようにするだろうか。
　子どもたちに準備させるものはノートである。
　ふだん使っている社会科のノートでいい。
　そして、次のように言う。

目についたことを全部記録するようにしなさい。

もう一つ、次の指示もしておく。

箇条書きで書いていくのですよ。

　子どもが自分の目で見たものをすべてノートに記録させるのである。
　目についたことを全部記録するということであれば、どの子にもできる。

全員ができる指示を出すということがポイントである。
　また、「目についたことを」と言っているのだから、こんなにわかりやすいことはない。
　子どもたちは「目についたものなら何でもいいのか。それなら……。」と考えるだろう。
　たとえば、次のようなものである。

> 「床に白い線が引いてある。」
> 「上からコードがぶら下がっている。」
> 「ぼうしをかぶっている人がいる。」
> 「荷札のようなものがついている。」
> 「床の色がちがう。」
> 「けいこうとうがたくさんある。」

　こういう小さな内容でいいのである。
　また「全部」という言葉から、自分が見たものであれば何でもよい、ということになる。
　条件付きで工場を見ていくのではなく、「目についたことを全部」である。
　これなら誰でも取り組むことができるし、たくさんの内容を書くことができるだろう。
　箇条書きにさせることで、誰がどのくらい書いたのかもすぐわかる。
　数字がついているので、子ども自身が目標を立てやすくなる。

2 現場で目についたことには、すべて意味がある

　子どもたちが見学しながら書いたことには、すべて意味がある。
　一つ一つは、工場にとっては小さな工夫である。しかし、この小さな工夫が集まり、工場の大きな枠組みが見えてくるのである。
　次ページのノートを見てほしい。
　左側のページには、目についたことを全部記録させていく。
　右側のページはすべて空けておくのである。
　このスペースには、工場見学が終わった後、自分が書いたことをまとめる際に使用する。
　教室にもどったら、自分たちが書いたことの意味を考えさせ、右のページに書き

第三章　ノートを見れば授業がわかる　実物で紹介する社会科におけるノート指導の典型例

足していくようにする。

　あるいは、書いてある内容をカテゴリー別に分けたり、友達が見つけてきたことを書き足したりすることもできる。

　見学後の授業で、この右のスペースを有効に活用していくのである。

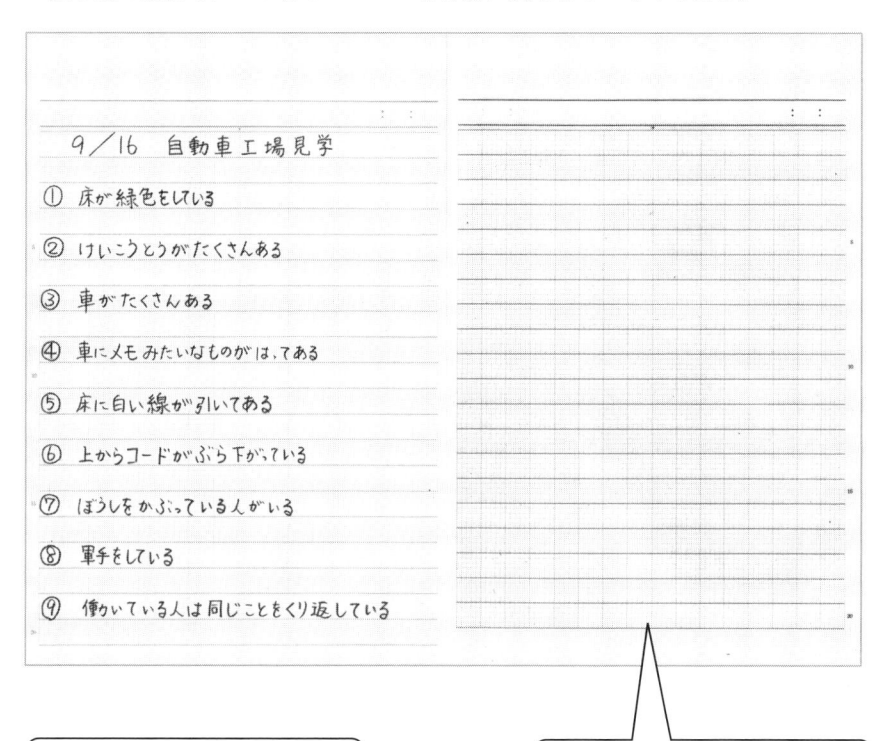

```
9/16  自動車工場見学
① 床が緑色をしている
② けいこうとうがたくさんある
③ 車がたくさんある
④ 車にメモみたいなものがはってある
⑤ 床に白い線が引いてある
⑥ 上からコードがぶら下がっている
⑦ ぼうしをかぶっている人がいる
⑧ 軍手をしている
⑨ 働いている人は同じことをくり返している
```

「20個は書いてきなさい」など、具体的に数字を示す場合もある。目標となる数字を示すと、子どもたちはその目標を達成しようとする。工場見学で目についたことを一生懸命に書くようになる。教師はその数字を見て、驚いてあげればよい。子どもたちは喜んで、どんどん書くようになるだろう。

このノートは左のページだけに書いているが、右のページに続けて書かせてもよい。その際、まとめは「見学のノート」の続きのページを使えばよい。ここで大切なことは、「目についたことを全部記録する」ということである。目についたことがノートに書いてあれば、教室に戻ってからその内容を活用することができる。一つ一つの小さな内容を積み重ね、工場の枠組みをとらえることができるのである。

4 歴史の流れをつかませる「いろいろな年表でまとめたノート」

1 15年戦争の年表

　6年生の歴史の学習で「15年にもわたる戦争」(大阪書籍)や「15年にもおよぶ戦争が終了しました。」(光村図書)などの表記が出てくる。15年間続いた戦争というからには、毎年大きな事件があったはずである。ノートに1931年から1945年まで1行おきに年号を書かせる。そして次のように言う。

　戦争が15年も続いたと書いてあるのですから、毎年毎年、何か大きな事件があったはずです。この15年間にどんなことが起きたのか、それぞれの年に起きた事件を探し、書いていきなさい。

　このように指示して、教科書や資料集などを参考にして作業をさせていく。
　1935年や1938年などは子どもたちの持っている資料では、なかなか事件が見つからないかもしれない。
　しかし、クラス全体で協力させれば、ほんのささいな情報に気づく子が出てくる。
　黒板には年号だけを教師が書き、事件を子どもたちに板書させていく。
　事件が見つからない子は黒板に書いてあることを写させればよい。
　やることが明確なので子どもたちは熱中する。
　15年戦争については、さらに深く扱うこともできるが、ここでは割愛する。

2 歴史の年号を覚えるマトリックス

　歴史の大まかな流れを時系列で押さえさせたいのであれば、1枚の紙を使って年表を作るといい。
　まず、A4またはB5程度の紙を子どもに配る。
　それを縦に半分に折らせ、さらに半分に折らせる。
　これで縦が4等分されたことになる。
　一度開いて今度は横に半分に折らせ、さらに半分に折らせる。
　開いてみると、折り目の線で1枚の紙が16等分されているのがわかるだろう。
　縦の一列を400年間とし、右下を2000年とする。
　すると、年表のスタートとなる左上は400年になる。
　そして1マスは100年になる。

第三章 ノートを見れば授業がわかる 実物で紹介する社会科におけるノート指導の典型例

9. 戦争を体験した人々のくらし

1931	満州にいた日本軍が中国軍をこうげき（満州事変）
1932	満州を中国から切りはなし、独立させる 5.15事件
1933	国際連盟が脱退する
1934	満州国の実権を日本がにぎる（満州に皇帝を就任させた）
1935	ロンドン軍縮会議参加
1936	2.26事件
1937	日中戦争、ペキンで、日本と中国が戦争
1938	国民総動員法
1939	第二次世界大戦（ヨーロッパ、ドイツ、フランス、イギリス、アジア）
1940	（日独伊）三国同盟
1941	太平洋戦争（ハワイ、アメリカ、イギリス、東南アジア）太平洋を戦場として（米切符制）
1942	ミッドウェー海戦（衣料統制）
1943	学徒動員→大学生が戦場へ行く
1944	集団疎開
1945	原子ばくだんが落とされる

> 見つけたところから記入させていく。
> 1行おきに年号を書かせているので、書く内容が長くなってしまったときや付け加えたいときにも対応できる。

> なかなか見つからないところは子ども同士で相談させるとよい。

> このように年表にまとめると、「15年も続いた戦争」という言葉がどのようなことなのか理解しやすくなる。「15年」という言葉の重みも分かりやすくなるだろう。

43

400	800	1200	1600
500	900	1300	1700
600	1000	1400	1800
700	1100	1500	1900
800	1200	1600	2000

　小学生に年号を覚えさせるとしても、それほどたくさんの出来事は必要ない。
　たとえば645年大化の改新、710年平城京遷都、794年平安京遷都、1192年鎌倉幕府、1467年応仁の乱、1543年鉄砲伝来、1600年関ヶ原の戦い、1945年原子爆弾投下・終戦などである。
　これらを年表に配置するとどんな傾向があるだろうか。
　上記のような、小学生で必要となる年号の多くは、その紙の下部に集まることがわかるだろう。
　時代が変わるような大きな出来事が400年ごとに起こるといえるのかもしれない。
　このような大きな視点で歴史を見ることができる。
　できあがったらノートにコピーを貼らせてもいいだろう。
　さて、なぜ紙に書かせるのか、である。
　それは子どもがその紙を持ち歩けるからである。
　持ち歩くことができるため、見たいときに見ることができる。
　紙なのでかさばる心配もない。
　また、自分だけの年表として後から書き足すこともできる。
　さらに、書いておくことで年号を思い出すときに年表上の位置関係で視覚的に覚えることができる。
　高学年で年表を覚えさせる必要があるならば、お勧めの方法である。

400　　　　　　　　　　　800

　　大陸から文化がさかんに伝
　　わる。
　　大仙古墳が作られる　　　894 遣唐使を取りやめる
　　　　　500　　　　　　　　　　　900

538　仏教が朝鮮半島から　　935 平将門が関東で反乱
　　　正式に伝わる　　　　　　　をおこす

593　聖徳太子が摂政となる
　　　　　　　　600　　　　1000
604　聖徳太子が十七条の憲法定める
630　第1回遣唐使を送る　　1016 藤原道長が摂政になる
645　大化の改新が始まる

　　　　　　　　　　　　　1053 平等院鳳凰堂ができる

　　　　　700　　　　　　　　　　1100
710　平城京

　　　　　　　　　　　　　1157 保元の乱がおこる
752　東大寺の大仏ができる　1159 平治の乱がおこる
　　　　　　　　　　　　　1185 壇ノ浦の戦い
794　平安京　　　　　　　　1192 鎌倉幕府を開く
　　　　800　　　　　　　　　　1200

1200
1221 承久の乱がおこる

1274 元がせめてくる

1300

1333 鎌倉幕府がほろびる

1392 南朝と北朝が統一される
1397 金閣を建てる
1404 足利義満が明(中国)と
　　　貿易を始める

1467 応仁の乱がおこる

1489 銀閣を建てる
1500
1543 種子島にポルトガル人を乗せた
　　　船が流れ着いた
1549 フランシスコ=ザビエルがキ
　　　リスト教を広めるために
　　　上陸した
1575 長篠の戦い
1590 豊臣秀吉が全国を統一する
1600

1600
1600 関ヶ原の戦いがおこる
1612 幕府がキリスト教を禁止する
1635 参勤交代の制度ができる
1639 鎖国が完成する

1700

1774 杉田玄白らが「解体新書」を
　　　出版する
1800
1821 日本地図が完成する

1854 日米和親条約を結ぶ

1868 明治維新が出される
1877 西南戦争がおこる
1894 日清戦争がおこる
1900
1914 第一次世界大戦がおこる
1931 満州事変がおこる
1945 広島・長崎に原子爆弾が
　　　投下される
1964 オリンピック東京大会が開
　　　かれる
1995 阪神・淡路大震災がおこる
2000

第三章　ノートを見れば授業がわかる　実物で紹介する社会科におけるノート指導の典型例

5　歴史が大好きになる「人物調べのノート」

1　人物の業績を短く書かせる

「歴史人物」と言えば、指導要領には42名の人物が例として載っている。

すべての人物について、時間をかけて学習していくということはできない。

しかし、学習をしていく中である程度は授業で扱っていく必要がある。

重要となる人物について、1～2行でまとめることもある。

人物について調べたことを短い文章でまとめるからこそ、その人物が何をしようとしていたのかがわかりやすくなるのである。

> 歴史人物1人につき1～2行のまとめであれば、5～6人の特徴をまとめるのに、それほど時間はかからない。

> 歴史人物がどのようなことをして生きてきたか、どのようにその時代を生きようとしたのかを、短い言葉でまとめさせるのである。

短くまとめると、その人物の特徴がよくわかる。

これらをカルタにして覚えさせるということもできる。

表には人物の絵、裏にはこの1～2行のまとめを参考に、その人物の特徴をよく表す文を書けばよい。

> 北里柴三郎
> 破傷風の病原体によっておきる病気の治療のしかたを発見した。
>
> 志賀潔
> 赤痢菌を発見して、その治療薬をつくることに成功しました。
>
> 野口英世
> 黄熱病の原因を調査していたが、じぶんで黄熱病に感染し、なくなった。

（吹き出し）子どもたちはこの３人（北里柴三郎、志賀潔、野口英世）について、誰が何をしたのか混乱してしまうことが多い。だからこそ、短い文でまとめさせ、特徴をつかませるのである。

２ 代表的な人物を調べさせる

　短くまとめる一方で、ノートをいっぱいに使って調べさせることもある。

　歴史人物と言えば、多くの学級では織田信長、豊臣秀吉、徳川家康の３人を中心とする戦国武将について、新聞・まとめなどの作業で扱っているのではないだろうか。ここでは、最初に３人の武将のうち、どの人物を調べるか選ばせた。

　そして、ノート見開き２ページにまとめさせた。

　子どもたちのそれまでの知識を整理させておくことで、より討論が活性化するからである。

　教科書、資料集、図書室の本など、何を見てもよいこととした。

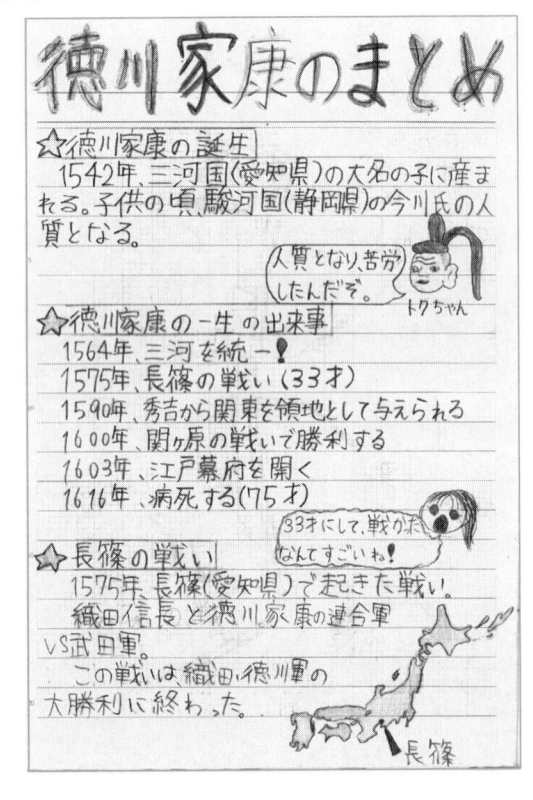

> 徳川家康のまとめ
>
> ☆徳川家康の誕生
> 　1542年、三河国(愛知県)の大名の子に産まれる。子供の頃、駿河国(静岡県)の今川氏の人質となる。
> 　（人質となり、苦労したんだぞ。トクちゃん）
>
> ☆徳川家康の一生の出来事
> 　1564年、三河を統一！
> 　1575年、長篠の戦い(33才)
> 　1590年、秀吉から関東を領地として与えられる
> 　1600年、関ヶ原の戦いで勝利する
> 　1603年、江戸幕府を開く
> 　1616年、病死する(75才)
>
> ☆長篠の戦い
> 　1575年、長篠(愛知県)で起きた戦い。織田信長と徳川家康の連合軍VS武田軍。この戦いは織田・徳川の大勝利に終わった。
> 　（33才にして、戦うなんてすごいね！）
> 　長篠

48

この戦国時代の学習では、

戦国時代を代表する武将は誰か

という問いで、討論ができる。先に人物の調べ学習をしておくことで、自分が選んだ人物がなぜ戦国時代を代表する武将と言えるのか、その理由に説得力が増すのである。

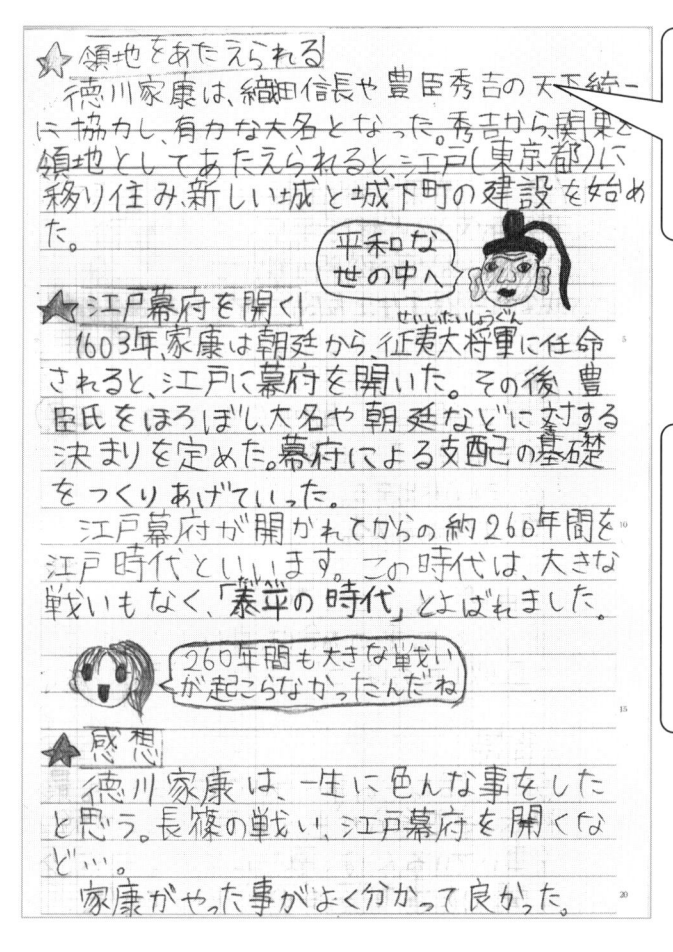

> ☆ 領地をあたえられる
> 　徳川家康は、織田信長や豊臣秀吉の天下統一に協力し、有力な大名となった。秀吉から関東を領地としてあたえられると、江戸（東京都）に移り住み、新しい城と城下町の建設を始めた。
> （平和な世の中へ）
>
> ☆ 江戸幕府を開く
> 　1603年、家康は朝廷から征夷大将軍に任命されると、江戸に幕府を開いた。その後、豊臣氏をほろぼし、大名や朝廷などに対する決まりを定めた。幕府による支配の基礎をつくりあげていった。
> 　江戸幕府が開かれてからの約260年間を江戸時代といいます。この時代は、大きな戦いもなく、「泰平の時代」とよばれました。
> （260年間も大きな戦いが起こらなかったんだね）
>
> ☆ 感想
> 　徳川家康は、一生に色んな事をしたと思う。長篠の戦い、江戸幕府を開くなど…。
> 　家康がやった事がよく分かって良かった。

（欄外注）
- ノート上部・下部の余白も使ってまとめさせる。こうすることで、ダイナミックなまとめを作ることができるようになっていく。
- 子どもたち一人一人のまとめを集めて印刷・製本する。それを資料として次の学習に使用していく。この学習活動をすることで、おぼろげにしか理解していないその時代・人物を、確かな理解としていくのである。

第四章

プロ教師の技術を身につけよう

資料と教材を使いこなし、深く教材を研究する

1 資料を使いこなして子どもたちに思考を促す

ある社会科教科書に、次の3つの資料があった。

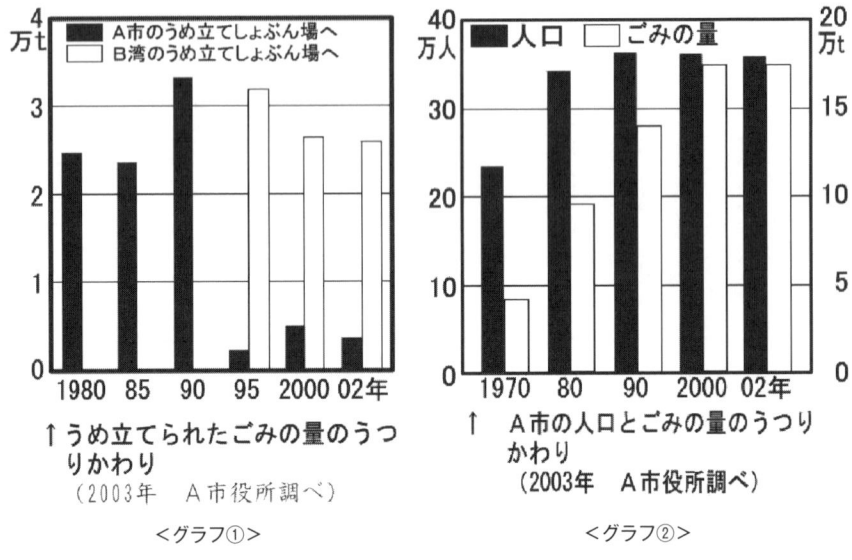

＜グラフ①＞
↑うめ立てられたごみの量のうつりかわり
（2003年　A市役所調べ）
凡例：A市のうめ立てしょぶん場へ／B湾のうめ立てしょぶん場へ

＜グラフ②＞
↑A市の人口とごみの量のうつりかわり
（2003年　A市役所調べ）
凡例：人口／ごみの量

例　＜流れ図＞　Mさんのノート

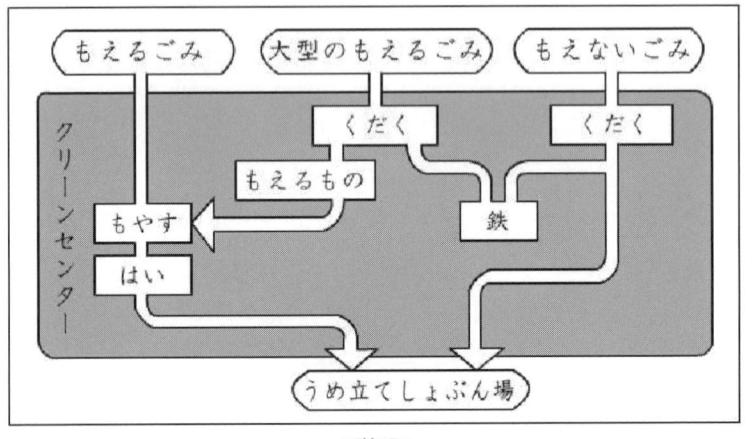

もえるごみ → クリーンセンター → もやす → はい → うめ立てしょぶん場
大型のもえるごみ → くだく → もえるもの → もやす
　　　　　　　　　　　　　　　→ 鉄
もえないごみ → くだく → 鉄
　　　　　　　　　　　→ うめ立てしょぶん場

＜説明＞

2002年にA市がうめ立てしょぶんをしたごみやはいの量は、約3万tです。市から出るごみの量は、この30年間で約4倍にもなりました。

52

第四章　プロ教師の技術を身につけよう　資料と教材を使いこなし、深く教材を研究する

「うめ立てしょぶん場を調べる」という小単元である。
資料は、実際の教科書に載っているものをもとに、私が描きなおしたものだ。
この資料を使って授業をするとしたら、どのような展開が考えられるだろうか。

1　グラフを使って作業をさせる

まず、＜グラフ①＞である。
まずこのグラフをどのように扱うかが最初のポイントだ。ぜひ考えてみていただきたい。タイトル、出典、年度等を押さえた後、「A市のうめたてしょぶん場へ」のグラフ（黒いグラフ）の変化をたどらせる。

グラフの上を線で結んでいきなさい。

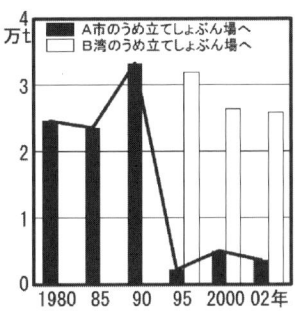

＜グラフ①＞

左図、①のようになる。95年でガクンと減っているのがわかる。
しかし、95年からB湾のうめ立てしょぶん場が始まっているのだから、全体としては減っていない。

黒いグラフを、白いグラフの上につけたして描きなおしなさい。

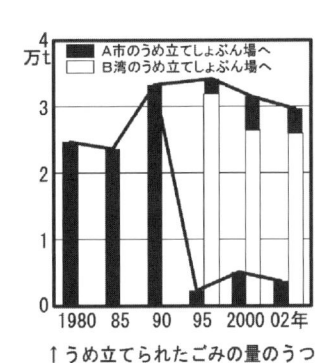

＜グラフ②＞

その上で線で結びなおさせると、子どもの教科書のグラフは②のようになる。
この折れ線グラフが、実際に埋め立てられたごみの量の全体だ。

2002年の時点で、A市でうめ立てられたごみの量は、約何万トンですか。

グラフから、約3万トンである。

グラフの横に「3万トン」と書き込みなさい。

グラフの横の空いたスペースに「3万トン」と書き込ませる。

2 流れ図を使って作業をさせる

次に＜流れ図＞である。
この流れ図を見ながら、まず、「もえるごみ」「大型のもえるごみ」「もえないごみ」の三種類があることを押さえる。
それから、作業をさせる。

鉛筆で矢印をなぞってごらんなさい。
これらのごみは、結局、最後にはどこに行くのですか。

最終的には「うめ立てしょぶん場」に行くことになる。
そして、次の確認をする。

このうめ立てしょぶん場にうめられるごみの量は、何万トンでしたか。

もちろん「3万トン」である。

「3万トン」と書き込みなさい。

流れ図の「うめ立てしょぶん場」の横に「3万トン」と書き込ませる。

3 正確に読み取らせるための発問をする

教室で授業すれば、テンポよく進んでここまで15分程度だろう。
教科書の＜説明＞を読む。

第四章　プロ教師の技術を身につけよう　資料と教材を使いこなし、深く教材を研究する

> 2002年にＡ市がうめ立てしょぶんをしたごみやはいの量は、約3万ｔです。
> 市から出るごみの量は、この30年間で約4倍にもなりました。

　これを教師が音読し、子どもたちにも読ませる。
　しつこく、次の確認をする。

　Ａ市がうめ立てしょぶんをしたごみやはいの量は、約何万トンですか？

「3万トン」である。
教科書の「約3万ｔ」に線を引かせる。
そこで、次の発問をする。

　市から出るごみの量は、この30年間で約4倍にもなったと書いてあります。
　それでは30年前のごみの量は、だいたいどれくらいだったのですか。
　ノートに書いて持ってきなさい。

　この発問は、ほとんど全員の子が間違える。教師は黙って、にこやかに、ノートに×をつけていけばいい。
　子どもたちはびっくりし、何度も何度も挑戦しようとするだろう。
　たとえば、子どもたちは次のような答えを持ってくるのだ。

・約1万トン
・0.75トン
・7500キロ

　全部×である。あるセミナー会場では、一人の先生が正解を言った。後日、大学生に授業をしたときにも、ほぼ全員が間違えた。（私がヒントを出してからは、正解を書く学生が出てきた。）
　実は「うめ立てしょぶんをしたごみやはいの量」と「市から出るごみの量」の違いを読みとばしているのだ。
　うめ立てしょぶんをしたのは3万トンである。しかし「市から出るごみの量」はまた別だ。

55

当然＜グラフ②＞を見なければならない。
正解は約4万トンである。
これは、あるセミナーで、この部分の模擬授業をされた先生に対して、私も代案を授業したときの展開である。
その教科書を見たのは、もちろんその時が初めてである。
模擬授業を見ながら、その場でコメントを考え、代案を考え、授業の直後に実演をした。

2 資料を読み取らせる授業のねらい

この授業には、どのような意味があったのだろうか。
若干の解説を加えたい。

1 資料を読み取るための基本的な技術

第一に「資料を読み取るための基本的な技術」が指導されている点である。
単に知識を教えるだけでなく、情報を処理する方法を教えることも、社会科では重要だ。
この場合は「グラフ」がメインなのだから、当然「タイトル・出典・年度」の三点セットを押さえなければならない。
次に「縦軸と横軸」、そして「変化の傾向」である。
「このような基本的な要素を押さえることが大切だ」ということを、教師がわかっているから、応用もできる。
私の授業では、資料を読み取らせるときに、次のようなことを教えていた。

① 棒グラフの上を線で結ばせる。
② 二つの棒グラフを積み重ねさせる。
③ 数値を書きこませる。
④ 指でたどらせる。
⑤ 線をなぞらせる。

いずれも、資料の読み取りをしやすくするための微細な技術である。
些細なことだが、こうしたことを知っているだけで、資料は格段に読み取りやすくなる。

アマチュアは単に内容を教え、覚えさせようとする。
プロは方法も教え、応用する力をつけようとする。

②　資料と教科書本文との関連を教える

　第二に「資料と本文との関連」が指導されている点である。
　グラフの変化を読み取らせた後で、「その変化の原因」を本文から探させる場合もある。
　あるいは、本文を読ませた後で、「その内容を示しているグラフ」を探させる場合もある。
　「教科書の資料と本文とはきちんと関連づけて設計されている」ということを、教師がわかっているから、応用もできる。
　今回の授業では、本文に書かれていた次の文章を取り上げた。

2002年にＡ市が
1 うめ立てしょぶんをしたごみやはいの量は、約3万ｔです。
2 市から出るごみの量は、この30年間で約4倍にもなりました。

　上の1と2の下線は、違う概念である。
　2は「市からでる」ごみやはいの量で、1は「うめ立て」をしたごみやはいの量だ。時間的にも当然②が先である。
　言われてみれば、あまりにも当たり前のことだが、54ページのような流れで授業をすると、大学生であってもほぼ全員がこの違いを読み飛ばし、二つが同じ概念だと思ってしまうのである。
　違う概念なのだから、それぞれに対応している資料も当然異なる。
　このようなポイントをその場ですぐに見つけられるのは、
　「教科書の資料と本文とはきちんと関連づけて設計されているはずだ」
　ということを教師がわかっているからだ。

③　新たな問題の発見へ導く

　第三に「新たな問題の発見」へ導いている点である。
　単に資料の読み取り方を指導しただけではない。
　この授業によって、次に考えなければならない問題が浮上してくる。
　まず、次の点だ。

> 市から出るごみの量は16万トンもあるのに、うめ立てられるごみの量は3万トンしかないのはなぜか。

こうした疑問について予想を立て、根拠をさがし、処分場等へ取材に行けばよいだろう。
　当然「燃やしたら灰になるから量が少なくなる」のような予想が出される。
　しかし、次のような問題もある。

> 30年間で、市から出るごみの量は4倍にも増えているのに、うめ立てられるごみの量はほとんど変わっていないのはなぜか。

　この単元で子どもたちが調べ学習をしていくための、いわば本質的な問題へとつなげていくことができる。

4　子どもたちの活動を組み立てる

　第四に「子どもたちの活動」が組み立てられていた点である。
　教えたい内容があったとして、それを教師がどんなに熱心に説明しても、それは授業にならない。
　授業が拙い人は言葉数が多い。説明が長い。説明すればするほど、子どもたちはわからなくなる。聞かなくなる。学習から離れて行く。
　子どもたちが実際にどのような活動をして学習が進むのか。
　その活動場面がイメージできるように組み立てるのが授業なのだ。
　私の授業は、次のように、すべての発問に作業指示がついていた。

① 線で結びなさい。
② 描きなおしなさい。
③ 「3万トン」と書き込みなさい。
④ なぞってごらんなさい。
⑤ 「3万トン」と書き込みなさい。
⑥ 「3万t」に線を引きなさい。
⑦ ノートに書いて持ってきなさい。

このように実際に自分で作業をしながら学習が進む。
だからこそ、子どもたちはわかるのだ。
また、「3万トン」を書き込ませたり線を引かせたりすることを3回繰り返している。
少しずつ変化させながら同じ活動を繰り返していったことが布石になっている。
だからこそ、最後の問題で子どもたちが熱中するのだ。

5 瞬時に授業を構成できる授業力

そして第五に「その場での代案授業だった」という点である。
教科書を見て、数分考えただけで授業をした。たくさんの先生方が見ている前である。じっくりと時間をかけて教材研究をすれば、あるいは、もっとよい授業ができただろうか。
そうかも知れないが、小学校の現場の現実はそれを許さない。
毎時間毎時間、入念な教材研究をし、指導案を書き、万全を期して授業できることのほうがむしろ少ないのだ。
どんなに理想を言っても、現実がそうである以上、「その場で授業を考えなければならない」という場面に、必ずどの教師も遭遇する。
このような瞬発力をつけることも、また大切なことだ。
教師の力量とは、結局のところ「子どもの力を伸ばしたかどうか」で評価される。
その場で考えて、ある程度の質の授業を展開できる力量。
これが日常の授業で繰り返されているならば、子どもの力は当然違ってくる。
このときの代案授業を見ていた先生の感想を紹介する。

社会科の教科書を、セミナー会場でみて、すぐにこんな授業を考えてしまわれるのかと、びっくりしました。発問・指示を考える時に、ずっと12頁のグラフだけを見て考えていました。「ポイント」は何なのかということは、よくわかりませんでした。12、13、14頁と進んでいって「30年前のごみの量と、うめたて処分をしたごみやはいの量」にポイントがあったなんてびっくりです。そのあとの「16万トンもゴミが出ているのに、うめ立てるのは3万トン。のこりのゴミはどうなっているの」の発問。本当にどうなっているんだろうと、そこから頭の中が回転しはじめる気がしました。

> セミナー終了後、サークルメンバーで集まってセミナーの話をした。どれもすごいという話だったが、中でも、谷先生の代案授業が圧倒的だった、という話になった。私が感動したのは、埋め立て処分場の代案授業。わずか、3分程の授業で、引き込まれっぱなしだった。しかも、キーワードが貫かれていて、大人でも間違う知的な発問。そして、非連続型（グラフ）と連続型（文章）をどうリンクしていくのか……この授業を受けられただけで参加して良かった。感激。

3 こだわった教材研究に挑戦する

1 最後まで絶対にあきらめない

　社会科の授業力を鍛えるためにどのようなことが必要か。最近つくった授業をもとに現時点での考えを紹介する。
　第一に「教材研究」である。
　それも、ある種「狂気」をまとっていると思えるほどの教材研究である。
　中国で上海の子どもたちに授業することになった。
　どのようなテーマを選び、どのような素材を取り上げ、どのように授業を組み立てるか、である。
　訪中の2週間前。
　最初に考えたテーマは「日本と中国の文化交流」だった。これを調べるために当然、書籍を買い求める。20冊程度に目を通したが、どうしても授業で扱いたいと思える素材にあたらない。そこで、テーマをもう少し絞りこむことにした。
　「日本と中国の食文化」である。
　中華料理の本と和食関係の本を、また20冊程度買い求め、目を通した。ところが、今度は授業で取りあげたい内容が多すぎる。素材を書き出せば書き出すほど、混乱した。しかし、なんとかなりそうな予感もあった。
　その頃である。参加していたセミナーで京都大学名誉教授の神田啓治先生から「日本の放射線治療」の素晴らしさを伺った。
　これだと思った。
　中国でも癌の患者は急増している。日本が実用化し、多くの成果をあげている重粒子線による癌治療を授業で取り上げようと考えた。

第四章　プロ教師の技術を身につけよう　資料と教材を使いこなし、深く教材を研究する

訪中まであと１週間である。

私は食文化のテーマを捨て、癌治療に関する書籍をさらに20冊、ネットで注文した。念のためと思い、児童の実験用の放射線測定器の借り入れも申し込んだ。

書籍を読み、測定器が届き、いよいよ授業の骨格を決めなければならない。

そして、訪中まであと４日。

私は、一緒に仕事をしている郵便事業株式会社の関係の人から「往来葉書」について教えていただいたことを思い出した。

往復葉書ではない。「往来」葉書である。

往来葉書とは、出した人が書いたものに、受け取った人が何かを書き加えて送り返し、往復すると「一つの作品」ができあがるような葉書のことである。

放射線の教材研究はまだ中途半端ではあったが、それでも材料は集めている。しかし、「往来葉書」の持つテーマ性の魅力から、私は逃げられなくなった。

訪中まであと３日。

私は、それまで集め、調べていた資料を全部捨てた。「往来葉書」の授業をつくることにした。「往来葉書」に関する本は、一冊しかない。その本をネット注文した。

届いたのが訪中の２日前。

授業を形にする作業に入ったのが中国へ旅立つ前日である。まったく自慢できる話ではない。しかし、捨てたテーマのために集めた数十冊の本は、無駄にはならない。このような一見遠回りの教材研究で、その時は捨てた内容が、やがて別の授業とつながってくることがあるからだ。

何が言いたいのか。

まず、最後まで絶対にあきらめないということ。次に、自分に与えられた時間の中で「自分の限界を超える」こと。

そのような教材研究が、授業力を上げる。

2 授業を組み立てる５つのコツ

訪中は明日である。

授業中に提示するための画面を作成しなければならない。

新しいノートを買い、ラフ・スケッチを描きはじめる。この時点で、私がメモしているキーワードの一部を紹介しよう。

① 字、絵、考えをペアでやりとりする。

② 糸川英夫のペア研究
③ ネット（Twitter,SNS,Mail）
④ 道（シルクロード）
⑤ 海の道（長江、北前船、京杭運河）
⑥ 宇宙船
⑦ 移動商（花売り、あめ売り……）
⑧ 物語（桃太郎、かぐや姫）
→そのことによって、何かが発展する（良い方向に変化する）
　① まち・都市
　② 文明
　③ アイデア
　④ ふるさとの記憶

　人から人へ、行って帰るだけの葉書の授業である。その授業をつくるにあたって、私が最初に構想したキーワードは、けっこう多岐にわたっており、かつ「ものごとの原理」に踏み込もうとしていると思える。
　これは、いわば私が授業をつくる時の基本パターンだ。

1. 教えたい内容をできるだけシンプルに表現する

　第一に、教えたい内容をできるだけシンプルに表現することだ。

行って帰って、何かが良くなる。

　要するにこれだけだ。これが、今回の授業で教えたい内容の「基本的な原理」である。それをシンプルに表現できなければ、子どもたちにわかるはずがない。

2. ビジュアルな「基本形」に表現する

　第二に、それを子どもにとってわかりやすいビジュアルな「基本形」に表現する。
　私が描いた基本形は、右の図である。
　この授業で取り上げる素材は、すべてこの図で表すことができる。

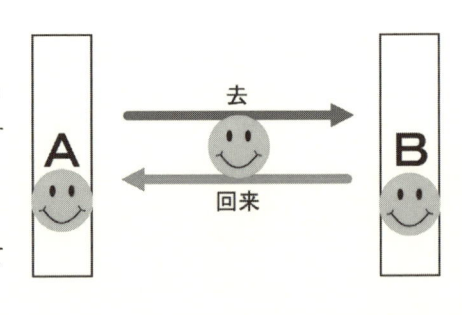

3. 子どもたちの身近な経験から入る

　第三に、これを子どもたちの身近な経験から例に挙げて導入する。

　私は「学校に行って帰る」という単純事例を例にあげた。学校へ行って帰ることで、みんなは賢くなる。つまり良い変化が起きる。その上で「行って帰って何かが良くなる」という事例を、たくさん子どもたちから出させた。

4. 基本形を変化させながら繰り返す

　第四に、この基本形を変化させながら繰り返す。

　その際、人間が一番最初に出会う「行って帰る経験」を考えさせた。それは「いないいないばあ」である。お母さんと赤ちゃんが「いないいないばあ」をして遊ぶ動画を見せた。

　これは、赤ちゃんがどんな世界からどんな世界へ行って帰ってくるということですか？

　この発問で、子どもたちは思考し、活発に発言した。
　「お母さんのいる世界」から「お母さんのいない世界」へ。
　「安心の世界」から「不安の世界」へ。
　このような意見が子どもたちから出された。
　赤ちゃんは、このような「行って帰る」経験を通して「成長」する。つまり良い方向へ変化しようとするわけだ。
　さらにたたみかけるように事例を出す。
　物語で行って帰る例としての「西遊記」。
　行って帰ることで登場人物たちは成長し、仏教そのものも発展する。つまり良い方向へ変化する。すべて、全く同じ原理であることが、子どもたちにも理解できるのである。
　物や人が行って帰る「シルクロード」や「運河」。情報が行って帰る「メール」や「携帯」。このような原理を教えた上で、「日本と中国を行って帰る『往来葉書』」を提示したのである。
　したがって、この葉書が行って帰ることで、日本と中国の子どもたちの何かが良くなるような方向にしなければならない。
　それが授業の落ちだ。

5. 子どもたちの活動場面を多くつくる

そして、第五に子どもたちの活動場面を中心に組み立てる。

「相談する」「書く」などの作業をさせながら、最後に私が自作した「往来葉書」を配布した。

子どもたちはもらったとたん、すぐにその場で書き始めた。待ち切れなかったのだろう。今、その往来葉書が中国の子どもたちから届き始めている。日本の子どもたちがそれを完成させ、送り返す予定である。

ここまで、授業をつくるのにかかった時間は数時間である。

それほどよい授業ではないが、少なくとも中国の子どもたちは活発に反応してくれた。参観していた中国の先生方も「どんどん引き込まれました」「哲学の授業のようでした」と言ってくれた。

ここに述べたような教材研究に対する構えがあり、そして授業をつくるための基本的なパターンをいくつか持っているから、こうしたことが可能になる。

4 資料を使って子どもたちを「ゆさぶる」

グラフを使った授業展開例をもう一つ紹介しよう。

「特許」の出願件数

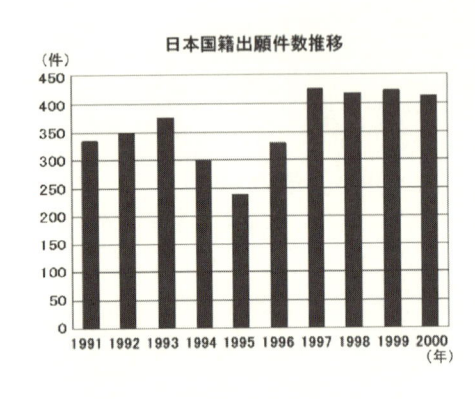

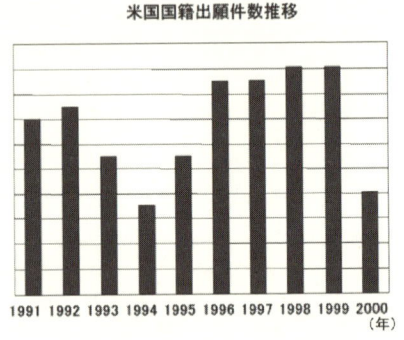

平成15年5月15日
特許庁総務部技術調査課資料

1 グラフの欠陥を指摘させる

上のグラフを提示した。

子どもたちに指示する。

第四章　プロ教師の技術を身につけよう　資料と教材を使いこなし、深く教材を研究する

　二つのグラフをくらべて気がついたことをノートに書きなさい。

　ノートに書かせた上で近くの人と相談させ、発表させる。
　細かな意見はたくさん出る。しかし、大きくまとめると次のようになる。
　「日本とアメリカの特許出願件数は、だいたい同じくらい」
　「全体としては、日本の方が少し多い」
　そこで、次のように念を押す。

　日本とアメリカの特許出願件数は、少し日本の方が多いとしても、だいたいは同じくらいと考えていいですね。

　子どもたちは頷く。
　再度、確認する。

　本当にいいのですね。

　すると、子どもたちは、もう少し注意深くグラフを見るようになる。
　続けて教師が次のように言う。

　このグラフには致命的な欠陥があります。

　つまり、米国のグラフには「縦軸の単位」が表示されていないのである。
　実は米国のグラフの縦軸の最大値は「20」である。日本が400件を超える年が多いのに対して米国は多くても18件程度なのだ。スケールのまったく違う二つのグラフを横に並べて置き、単位を隠したから、間違った情報が伝わった。
　初歩的な情報操作である。
　教えたかった中心は「日本の方が多い」ということではない。
　情報を読み取る際の「資料の要件」だ。
　もちろん、「ゆさぶり」としてあまり上等な例とは言えない。
　しかし、教師が念を押したり（本当にいいのですね）、別の視点を与えたり（グラフに欠陥がありますとヒントを与える）することで、子どもたちは違う角度から考えるようになる。

これを同じスケールに加工して提示すると、子どもたちは驚きの声をあげる。

2 子どもたちをゆさぶる授業とは

ごく粗く言えば、ゆさぶりとは次のようなことである。

① Aが正しい。（教師が予定している指導内容）
② Aが正しい。（子どもの解釈）
③ Aでいいのですね。（教師のゆさぶり）
④ Bが正しいのではないですか。（教師のゆさぶり）
⑤ いや、やはりAが正しい。（子どもの結論）

もちろん、上の②の局面で、子どもたちが「Bが正しい」とすることも考えられる。
その場合は、

① Aが正しい。（教師が予定している指導内容）
② Bが正しい。（子どもの解釈）
③ Bでいいのですね。（教師のゆさぶり）
④ Aが正しいのではないですか。
　 Cも正しいのではないですか。（教師のゆさぶり）
⑤ Aが正しい。（子どもの結論）

このようになるわけだ。
最終的には、その授業での正しい指導内容を子どもたちが獲得しなければならない。
ゆさぶることでよけい混乱する授業がある。ある局面で混乱しても、最後に落ち着くならいい。しかし、混乱したまま終わるなら問題である。ゆさぶったばかりに間違った解釈になってしまったら、もっと問題である。
かつて斎藤喜博は「いずれにしてもゆさぶりは良い」と言った。
ゆさぶりが良いとしたら、それは「意見には違いがある」ということを教えるという点においてである。
ところが、ゆさぶりの典型例として紹介された斎藤の「出口の授業」は、向山洋一氏によれば次のような構造になっていた。

① Ａも正しくＢも正しい。（これが斎藤の解釈である。）
② Ａが正しい。（これが子どもたちの解釈である。）
③ ＡではなくＢが正しい。（これが斎藤の授業である。）
④ そうだ、Ｂが正しい。（授業後の子どもたちの解釈である。）
（『向山洋一全集』18巻49ページ）

　つまり、子どもたちは、斎藤のゆさぶりによって、いわば間違った解決をしてしまったのである。
　異なった意見の存在を認めるために、ゆさぶりが効果的なことは確かだ。
　ゆさぶりによって子どもたちの意欲をわかせるという点でもよい。
　しかし、何が何でも混乱させる方がよいとは言えない。
　ゆさぶりなどせずに、スッキリとわからせるのもまた、すぐれた授業である。

3 子どもたちが自分で自分をゆさぶる授業が理想

　異なる意見が存在することを教えるという点ではゆさぶりはよいと述べた。
　しかし、やがては自分たちで異なる意見を出し、吟味するというところまでさせるべきだ。いわば「自分たちで自分たちをゆさぶる」授業である。
　教師がその場で直感的にゆさぶる授業は、思いつきでもできる。
　ちょっと力のある教師ならだれでもできる。介入授業でもできる。
　斎藤の「出口」はおそらくそうだった。このような授業について向山洋一氏は「外連性（けれん）」が強いと言ったことがある。
　これに対して、向山氏の「討論」の授業には「児童が児童をゆさぶる」ことを指導する場面が出てくる。
　例えば「雪国の人は損か得か」の授業である。
　これは1時間のほとんどすべてが子どもたちの討論で進む授業だった。
　向山氏の発言は3回しかない。
　2回目の発言で向山氏は子どもたちの意見を次のような言い方で整理する。

① 「土地代が安いだろうから得だ。」これは先生大変よくわかります。意見が。
② 「二重窓だとか、ガラスだとか、家のつくりだとか、お金がかかるだろう。だから損だ。」これも意見として大変よくわかります。
③ それ以外の意見、あんまりよくわかんないんです。ごちゃごちゃごちゃご

ちゃしてて。

つまり「根拠を明確にして発言しなさい」ということを指導している。どんな根拠をもとに主張するかで、異なった意見になる。
「損か得か」の立場はどちらでもいい。
その後、子どもの一人が討論の中で次の発言をする。

そんな損なところに住むほど人間はバカじゃありません。

根拠があるとは言い難い。しかし、この意見に対して、議論が白熱する。いわば児童が児童の意見でゆさぶられたわけだ。
そして、向山氏は最後にこの意見を取り上げ、証拠を求めるのである。

A君が言ったのはね、そんなに嫌なところならば、人は住まないんじゃないかっつってんの。それに反対してください。今度は証拠を持ってきてください。

教師が思いつきでゆさぶらなくてもいい。
向山氏の討論の授業では、子どもたちは、自分たち自身でさまざまな異なる意見を検討するようになるまで育っていた。

5 絵や写真を読み取らせる授業の基本

絵や写真の読みとりから、社会科が好きになる子も多い。絵や写真の読みとりはどの子にもでき、成功体験を味わうことができるからだ。
そのためには、いくつかのコツがある。そのコツを紹介する。

1 基本の問い方

教科書や資料集の中の絵や写真も立派な社会科の資料である。
基本的な問い方を知るだけで、資料を読みとる力を楽しく身につけさせることができる。
その問い方は次である。

第四章　プロ教師の技術を身につけよう　資料と教材を使いこなし、深く教材を研究する

> この絵（写真）を見て、
> 「わかったこと」
> 「気がついたこと」
> 「（ほんのちょっとでもいいから）思ったこと」を
> できるだけたくさんノートに箇条書きにしなさい。

　ここで、大切なことは、「この言葉通りに言わなければいけない」ということである。特に順番に意味があるのだ。順番を間違えてしまうと、楽しい絵や写真の読みとりも全く楽しいものではなくなってしまう。

　「わかったこと」は、「因果関係がわかる」ということである。社会事象の因果関係がわかるということは、とても大切なことではあるが、極めて高度なことだ。

　「気づいたこと」は、「社会事象に気づく」ということである。「建物がある」「海がある」のように、何でもよいから事象の存在に気付けばよいのである。「わかったこと」と比べると、かなり易しくなる。

　それでも難しい子が教室には存在する。

　そのような子でも書けるのが、最後の「思ったこと」である。「思ったこと」であれば何でもよいのだ。因果関係や社会事象と関係なくても良いのだ。

　この問い方は、極めて優れている。しかし、少しでもブレてしまうと効果がなくなってしまう。

2　箇条書きの方法を教える

　箇条書きの方法を教えておく必要がある。

　ノートに①②③……と一行おきに書くのである。
　次のような感じである。

```
① 木がある。

② 夕方だと思う。
…
```

69

このように書くといくつ書けたかが一目でわかる。
　このようにすると、「数」を意識させて目当てを持たせることができる。
　「1つ書けたら1年生。2つ書けたら2年生……」と目安を示すと、教室の熱中度が増す。勉強が苦手な子も張り切ってたくさん書く。先ほどの問い方の「思ったこと」が生きている。勉強が苦手な子も安心して書くことができるのだ。
　ここでは、「書いた数」の問題になる。たくさん書けた子を褒めればよいのだ。

3 書けたものを評定する

　たくさん書くことはもちろん大事であるが、高度なことを書けるようになることも大切なことである。それが、資料を読みとる能力を伸ばすことになる。
　書かれたものを評定することが必要である。「〜がある。」ということより、「〜と比べて〜が多い。」のように比較したものの方が高度である。
　また、「どこか」「どの方角か」など地域的、空間的なことや「いつ」「季節は」「時間は」など、時代的、時間的なことに触れているものは、極めて高度である。
　教師がしっかりとした基準をもって、評定するだけで、子どもたちは熱中する。
　「もう一回挑戦してごらん。」というと、教室がシーンとするくらい熱中する。
　評定の根拠は、向山洋一氏が発表した「子どもの意見分類表」（雪小モデル）である。

一人　最低（　　）：最高（　　）：総数（　　）

		目についたこと	くらべたこと
もの・形 　〜がある 　〜が大きい、白い	① 人 ② 建物 ③ のりもの ④ 山・川・自然 ⑤ 道具・機械 ⑥ かんばん ⑦ その他	A	E
分布 　〜が多い、少ない、いっぱい		B	F
地域的、空間的なこと 　どこ、どちら向き		C	G
時代的、時間的なこと 　いつ、何時		D	H
その他			I

第四章　プロ教師の技術を身につけよう　資料と教材を使いこなし、深く教材を研究する

　子どもたちの意見は、最初はＡ番地に集中する。しかし、教師が意図的に発問し、指導することで、Ｈ番地の方向へと進化していく。

４ 「子どもの意見分類表」を発問に生かす

　同じ写真を見せても教師の発問で面白さが変わってくる。例えば、先程の表のＣやＧを生かすとしたら、「この写真はどの方角からとったものか。」「この写真はどの地域の写真か。」等の発問をする。子どもたちは、「地図帳を見なさい。」と言わなくてもわれ先にと地図帳を見るのだ。
　ＤやＨを生かすとしたら、「この写真の季節はいつか。」、事故現場の写真であれば、「一番初めに来た緊急車両は何か。」など、子どもたちが熱中する発問をつくることができる。しかも、資料を読みとる力がつくのである。

６ フラッシュカードを活用する授業の基本

　二章で述べたように、「授業の始まり」は重要である。
　「どのように授業を始めるか」を明確に意識することで、授業全体も見違えるようによくなる。社会科の授業に限ったことではない。他の教科でも同じことが言える。
　授業開始のいくつかのパターンを身に付けていることが大切だ。
　例えば、「フラッシュカード」を使った授業の導入がある。
　授業の開始でフラッシュカードを使う人は多い。
　フラッシュカードは非常に有効な教具である。
　社会科だから、「地図記号」「都道府県名」「歴史人物」などがいいだろう。
　重要なのは「待たない。すぐに突入する」ということである。
　教室に数人しかいなくても、すぐにフラッシュカードをめくりはじめる。
　子どもたちの読む声が響き、遅れて来た子も自然に授業に巻き込まれていく。
　そして、子どもたちの様子を見て応用し、変化させる。
　時間を若干長くしたり、列ごとに当てたり、希望者のテストをして合否を言ったりするわけだ。
　フラッシュカードは、「市販のもの」と「自作のもの」がある。
　市販のものでは、2011年４月に正進社から発売された「都道府県フラッシュカード」と「地図記号フラッシュカード」が優れている。

1 「都道府県フラッシュカード」

　都道府県名と県庁所在地名を、子どもたちが楽しく覚えることのできるフラッシュカードだ。授業の導入などで使うとたいへん効果的である。このフラッシュカードの特徴は、第一に「地方別にまとまっている」ということ。

　第二に、バックに、地方の地図が表示されていること。

　どの県がどの場所にあるのか、どの県庁所在地がどの場所にあるのかが、直感的に子どもたちの頭に入っていくような組み立てになっている。

　第三に、フラッシュカードの裏面に、その地方の名産が、ひとつだけ表示されていること。使い方を工夫すれば、さまざまに活用できる。

2 「地図記号フラッシュカード」

　地図記号のフラッシュカードも、子どもたちに大人気だ。

　裏面に、地図記号そのものが出されている。

　表面は、その地図記号の意味が、ビジュアルに表現されている。直感的に、地図記号の情報が入っていくような組み立てになっている。

　「地図記号フラッシュカード」と「都道府県フラッシュカード」、これはどちらも、TOSSの先生が実際に自分の教室で実践をし、その効果が確かめられたものである。

　各地のセミナーや研修会でもたくさん紹介されている。

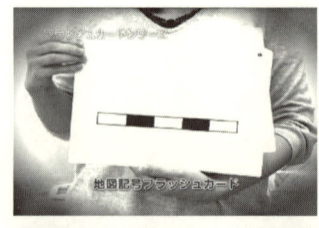

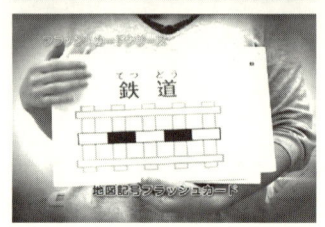

　多くの先生方が実践をし、子どもたちの熱中度が実証されてきたものばかりだ。

　教室には、発達障害という子どもも含めさまざまな子どもたちがいる。

　そうした子どもたちが、授業の開始から巻き込まれていくような授業を実現するのに、たいへん有効な教材教具である。ぜひフラッシュカードを使ってみてほしい。

3 フラッシュカードを自作する

クラスの実態にあわせて、フラッシュカードを自作したという人もいるだろう。
TOSSのセミナーで手に入る「フラッシュカード作成CD」などを使えば簡単だ。
このCDは、非常に優れている。
TOSS関西中央事務局が主催するセミナー等で、研究用にお分けしているものだ。
私の手元にこのCDの「第2巻」がある。
中には大きな項目で20種類のフラッシュカードが「データの形」で入っている。
国語関係だけで次の4種類。

① 漢字の読み先習　② 漢字文化　③ 有名詩文　④ 尊敬語

算数関係では10種類。

① かけ算九九　② さくらんぼ計算　③ 円周率　④ 時計
⑤ 単位　⑥ 単位換算　⑦ 内角の和　⑧ 分数
⑨ 面積と体積　⑩ 用語

英語は2種類。

① 動物　② 色

そして、社会科では次の4種類だ。

① 都道府県　② 地図記号　③ 日本の国土　④ 歴史人物

それぞれに、下位カテゴリーに分かれていて、全部でなんと「167種類」のフラッシュカードが収められている。それが1枚のCDになっている。
これをパソコンから家庭用のプリンターで厚手の紙に印刷すればいい。
すぐにフラッシュカードができあがる。
ちなみに、フラッシュカード用の「厚手の紙」は何がいいか。
紙の厚さ、手触り、カードをめくった時のすべりのよさ、数枚合わせて持った時の重さ、さらにプリンターで印刷した時のインクのつきやすさや、発色のよさ。
フラッシュカードの素材の紙ひとつとっても、研究課題は山ほどある。

これも、TOSS関西中央事務局主催のセミナー等で、入手方法等についてお知らせしている。見本の紙を触っていただくこともできる。
　フラッシュカードといっても、実に多くの種類があり、実に多くの授業が可能なことがおわかりいただけるだろう。
　TOSSのサークルでは「授業の開始1分」だけをテーマに模擬授業することもある。
　「フラッシュカード」だけをテーマに研修会の講座を持つこともある。
　多くのフラッシュカードが次から次に実演される。
　初めて見る人には、まるで手品のようなスピードとスムーズさだ。
　フラッシュカードをめくるのにも修練がいる。やってみればわかる。
　上手な人は、高速でめくっているのにカードがぶれない。
　持ち方も、めくるスピードも、声の出し方も、目線も、全部上手い。
　授業の開始において、フラッシュカードは有効なツールのひとつだ。
　「都道府県」「地図記号」「日本の国土」「歴史人物」などのフラッシュカードは、必須と言っていいだろう。

7 社会科で子どもの「表現力」をどう育てているか

　社会科における表現力の枠組みを、整理しておきたい。
　社会科の授業で何かを表現させるための技能は、粗く言って7つある。

1 言語による表現
2 非連続型テキストによる表現
3 動画による表現
4 PCによる表現
5 ものづくりによる表現
6 身体による表現
7 その他

　分類はあくまでも経験則である。学問的に厳密に定義したわけではない。
　もちろん、このような分け方でなくても一向にかまわない。
　大切なことは、このような全体像と、個々の具体的な指導場面とが、教師の頭の中に入っているということである。

第四章 プロ教師の技術を身につけよう　資料と教材を使いこなし、深く教材を研究する

そのことで、教室での指導が単発ではなく、つながってくるようになる。
この中から①～④について解説する。

① 言語による表現

要するに「言葉」で何かを表現するということだ。これには2種類ある。
「話す」と「書く」である。
「話す」の中に3つある。

① 発表
② 討議
③ 討論

これらについての詳細は、今回は割愛する。
「書く」ことは表現力の中核である。
「書く」ことの基本は3つである。

① なぞり書き
② 写し書き
③ 聞き書き

社会科でこの3つを意図的に使い分けてノート指導をしている例は少ない。
例えば、お手本を薄い紙になぞりとらせる学習は社会科でも有効である。
表現力が高まるだけでなく、知識理解も進む。
「書く」ことをもう一歩進めると次の分け方もある。

① 自分の意見を書く
② 意見の根拠を書く

この使い分けを指導することも極めて重要である。とりわけ「根拠」を書かせる場面では、次の2点を指導する。

① 資料を選択する。
② 資料を引用する。

75

さらに、調べたことをまとめさせる場面では「書き方の工夫」を具体的に指導する必要がある。

例えば、次のような工夫がある。

① １ページに１項目だけ書く
② 見出しをつけて書く
③ 箇条書きで書く
④ 記号を使って書く
⑤ 色分けして書く
⑥ 絵やイラストを併用して書く
⑦ 枠囲みを使って書く

2 非連続型テキストによる表現

これも「書く」仲間だが、別にしたほうがわかりやすい。
要するに図や地図などによる表現方法である。
小学校で指導しておきたい非連続型テキストは次の８種類である。

① 写真
② イラスト・絵
③ 地図
④ 図解
⑤ アイコン
⑥ チャート
⑦ グラフ
⑧ 表

それぞれの特性をつかんだ上で指導することが必要だ。
例えば「地図」だけを取り上げても、大まかに次のものがある。

① 床地図
② 絵地図
③ 白地図

④ 統計地図
⑤ 立体地図

図解とは「平面図」「見取り図」「説明図」などである。
チャートとは「単線チャート」「系図型チャート」「フローチャート」「Yes-Noチャート」などの表現方法のことである。
表の中には当然「歴史年表」も含まれる。
文化に関する年表や、戦国時代に絞った年表等、いくつかの表現方法を使い分けるようにする。

3 動画による表現

デジタルカメラやスマートフォン等の普及で、動画による表現が身近になってきた。
しかし、いたずらに撮影させても時間がかかるだけだ。
一番よいのは「地域学習」で外に取材に出た時だ。
調べたことを、ごく短い1〜3分の動画にする。
「子どもたちの"観光・まちづくり"アピール動画」のような形で表現させると非常に楽しい学習になる。
子どもが作成したそのような動画が、既に600以上もYouTubeで共有されている。

4 PCによる表現

これもiPad等、タッチパネルを搭載したタブレット型端末の普及で、表現方法が広がりつつある。
現時点でのポイントは二つある。

① クラウド
② AR

クラウドで重要なのは「共有化」である。何を共有するのかというと、「情報」と「作業」である。
子どもたちが検索して取り出した情報や、作業途上の画面などを、瞬時にネット上で共有できる。

AR(Augmented Reality)とは、「拡張現実」といわれる技術である。
　具体的には「セカイカメラ」「StarWalk」等のアプリケーションがそれを提供している。
　例えば「セカイカメラ」では、子どもたちが調べた情報を「エアタグ」と言われる手法で、現実の風景の中に仮想的に添付できる。
　地域学習などの内容を表現させる場面で、今後大きな可能性を持っている技術である。

第五章

社会科大好きな子どもを育てる授業

そのまま授業にかけられるとっておきの具体例

1　3・4年生を社会科大好きにする授業の実例
～川原雅樹氏　「社会科教育」2007年4月号 no.574 P124、125 修正追試～

1 地図帳が大好きになる「地名探し」の授業

地図帳を使っての地名探し。子どもたちは大好きである。
社会の時間になると、「地名探ししよう。」とコールが起こる。
このような状態になるには理由がある。

① やり方がわかる。
② 自分たちでできるシステムである。
③ 検索ページを使うことができる。

このことを指導するだけでどの学級でも地名探しコールが起こる。
参考にしたのは次のサイトである。

TOSSインターネットランド (http://www.tos-land.net) のコンテンツ
地図指導　7534981　（佐藤琢朗氏作成）

---

1. やり方がわかる授業

地図帳の任意の場所を開かせる。私は近畿地方を開かせた。

＜指示1＞
地図帳○ページ。近畿地方を開きなさい。
第1問。和歌山県　和歌山。見つけたら起立。

子どもたちが、次々と、「あった」と言いながら、起立していく。
教師は、1番、2番、3番と言いながら子どもと目を合わせていく。

＜指示2＞
見つけた人は、赤鉛筆で囲みなさい。

できた子は○を付ける作業を行う。終わった子どももうるさくならない。

＜指示3＞
第2問。田辺市。見つけたら起立。

となりと教えあっている子どもをほめる。
○をつけている子どもをほめる。
子どもが自分たちでできる雰囲気を作っていく。

＜指示4＞
第3問。新宮市。

子どもが動けば、どんどん指示の言葉を減らしていく。
そうすることで授業にリズムが出てくる。

＜指示5＞
3つとも見つけた人。
2つ。
1つ。

挙手をさせて確認させるだけで、全体がしまる。
この指示を入れると、やらずにすごしてしまう子を減らすことができる。

2. 自分たちでできるシステムを作る授業

見つけた子どもが次の場所を出題してよいことにする。

＜指示1＞
一番に立った人が次の問題を出せます。
第1問。○○。

一問目は、教師が出題する。
子どもたちがどんどん立っていく。10人程度で次の問題にうつる。

＜指示2＞
そこまで。(一番に立った子を当てながら) 第2問。

第2問を出させる。
子どもたちは一番を競うようになる。
3～5問程度出題する。
このようにして仕組みを作っていく。

3. 索引ページを使うことができる授業

最後の段階では、どのページからも出題してもいいことにする。

＜指示1＞
どのページから問題を出してもいいです。

続けていくと、地図帳の索引ページに気付く子が出てくる。
特に教えなくても、子どもたちは索引を次々に見るようになり、自然に地名を探す技能を身につけるようになる。
私はほとんどやらないが、次のように索引の指導をする先生もいるので、参考までに紹介しておく。

まず、検索ページを開かせる。か行を見る。以下のようにある。

◎ごぼう　御坊［和歌山］・・・・・・・・・・・・・・・・28ウ7

＜指示2＞
索引を読みます。

＜説明1＞
これは御坊の位置を表しています。

＜指示3＞
P28を開きなさい。この中にあります。

＜説明2＞
ウはこの筋のことです。指でなぞりなさい。

地図帳を見せながらなぞらせる。

＜説明3＞
7はこの筋のことです。なぞりなさい。

こちらもなぞらせる。

＜説明4＞
この2つが交わった中に御坊があります。

＜指示4＞
交わった四角の中からを探しなさい。

「あった。」
「みつけた。」
の声が出る。

＜指示5＞
第2問です。

索引を使いながら調べるという方法を教えることで、地図引きはものすごく早くなる。全員が大喜びの地図クイズになる。

2 地図記号が大好きになる授業
楽しみながら地図記号の面白さを味わせ、その由来等を理解させる。
子どもたちが地図記号を大好きになるには三つの理由がある。

① 記号の由来がわかる
② 自分の発想が生かされる
③ 楽しく自然に覚えられる

これらを満たす授業を行えばよい。ここでは、①と②について解説する。
　参考にしたのは、TOSS インターネットランド (http://www.tos-land.net) の次のコンテンツである。

---
① TOSS ランドナンバー 1142141　　新村勲氏 HP
② TOSS ランドナンバー 5440090　　新村勲氏 HP
③ TOSS ランドナンバー 9400615　　有川聡氏 HP
④ TOSS ランドナンバー 7099230　　沼田能昌氏 HP
---

1. 記号の由来がわかる授業

　由来は、目で見てわかるのが良い。
　TOSS ランドナンバー 1142141（新村勲氏 HP）を使いながら授業する。

＜説明1＞
　この地図記号①は神社を表しています。神社の鳥居の形からとったものだからです。地図記号は、成り立ちに理由があります。

　まずは、例示する。

＜発問1＞
　次は何を表していますか。

＜指示1＞
　わかった人は手を挙げなさい。

図1　新村勲氏 HP
TOSSLANDNO1142141

　これもコンテンツを示しながら行う。
　碇の絵が出てきた時点で子どもたちの手が挙がる。

＜説明2＞
　②は船の碇です。船は港に泊まるときには碇を下ろします。

　ここまでくると子どもたちはこの授業のイメージがわく。言いたくて仕方がな

第五章　社会科大好きな子どもを育てる授業　そのまま授業にかけられるとっておきの具体例

なる。
　そこでノートに書くことを教えていく。

＜発問2＞
次は③は何を表していますか。

この時点で、手が天井に突き刺すように挙がる。

＜指示2＞
ノートに③と書いて答えを書きなさい。

子どもたちのノートには、

③　橋

と書かれている。発問をしながら学び方も教えていく。
次は工場を問う。この場合、発問を追加する。

＜発問3＞
このような記号になった理由を考えてください。
分かった人は手を挙げなさい。

ヒントになるコンテンツを示しながら考えさせる。
　最後に、難しいのを出す。茶畑である（アミがかかっている）。
　茶畑を示した後、理由をノートに書かせる。これは難しい。実は、お茶の実の中の種がその理由である。これもコンテンツで示す。最後に次のように話す。

＜説明3＞
地図記号には必ず成り立ちに理由があります。
理由を考えながら地図記号を覚えていきましょう。

2. 自分の発想が生かせられる授業

同じく TOSS ランドナンバー 1142141（新村勲氏 HP、図2・3）

＜発問1＞
これは何の地図記号ですか。

博物館です。

図2　博物館

＜発問2＞
これは何の地図記号ですか。

図書館です。

図3　図書館

＜説明1＞
この2つは、2003年に付け加えられた地図記号です。

さらに続ける。

＜説明2＞
日本の地図を作っているお役所が全国の小中学生から募集して作られたものです。2006年さらに次の2つが付け加わりました。

「同じ小学生だからわかるよね」と、子どもたちをあおりながら提示する。

＜発問3＞
これは何の地図記号ですか。

＜指示1＞
ノートに書きなさい。

答えは風車。

図4　風車

＜発問4＞

第五章　社会科大好きな子どもを育てる授業　そのまま授業にかけられるとっておきの具体例

これは何の地図記号ですか。

やることがわかっているので、「どうぞ」の指示で子どもたちはノートに書く。
　答えは、老人ホームである。
「すごいなあ。スーパー３年生。」としっかりほめる。

図５　老人ホーム

＜説明３＞
皆さんの中から、新しい地図記号を作る人が出てくるかもしれませんね。

３　「長いもの」がいい教材になる（水道の授業・電気の道の授業）

３、４年生社会科においては「長いもの」が、教材として優れている場合が多い
（向山洋一『授業の知的組み立て方』P73）

実際、社会科の授業では「長いもの」が面白い。例えば次のようなものである。

① 水道の授業
② 電気の道の授業

参考にしたのは、TOSSインターネットランド(http://www.tos-land.net)の次のコンテンツである。

TOSSランドナンバー1142231　水道の授業　勇 和代氏 HP

1. 子どもたちの調べ活動をいざなう「水道の授業」

＜発問１＞
一日どれだけ水を飲みますか。

子どもたちには、一目でわかるものを示し予想させる。２リットルのペットボトルを使い、何本分になるかを聞く。

＜発問２＞
自分たちは一日にどれだけ水を使いますか。

＜発問３＞
１ヶ月、何本分で、お金になおしていくらぐらい使っているか書いて下さい。

　子どもたちは法外な数字を持ってくる。
　何万本、そして、数万円から数十万円の金額になる。
　つまり、水道のことが見えているようで見えていないのだ。しかし、その答えは生活の中にある。ここに調べ学習が成立するのである。

＜指示１＞
ノートに正しい答えを書く欄を作っておきなさい。何本かというのと、何円分かというのを、答えを２ヶ所に書けるようにしなさい。

　この枠を作っておくから、家で調べることができるのである。
　水道使用量の用紙を貼ってもいいと言うと、子どもたちはノートに用紙を必ず貼ってくる。
　次に学校のことについて問う。

＜発問４＞
学校で１ヶ月に、何本分ぐらい使うでしょう。

　このときにどこで使うのかも予想させる。

＜発問５＞
学校では１ヶ月水道料金をいくら払っているか。

　子どもたちにとって身近なのは、家の次は学校である。
　学校は多くの量を使っているのは実感でわかる。それを予想させることで、広がりを持たせるのである。
　そして、黒板に、蛇口の絵を描く。

第五章　社会科大好きな子どもを育てる授業　そのまま授業にかけられるとっておきの具体例

＜発問6＞
水道から水が出ます。その水は、もとをたどってちょっと先に行くとどこにありますか、どこからきているのですか。

　水道管や水道局という意見が出てくる。
　さらに聞く。

＜発問7＞
水道局を通って、その前はどこですか。

＜発問8＞
もうちょっとさかのぼると、一番のみなもとはどこなのですか。

　目の前にある水道から、どんどん広がっていって、水道局、そして、川、その川の源流までつながるのである。
　子どもたちの視野がどんどん広がる。

2. コンセントからさかのぼる「電気の道の授業」
　水道の授業と全く同じ展開が使える。

＜指示1＞
電気が使われているものをできるだけたくさんノートに書きなさい。

　これを黒板に書く。
　黒板はびっしり電気が使われているもので埋まる。子どもたちは多いという量感を感じる。そこで、黒板にコンセントの絵を描く。

＜発問1＞
このコンセントの元はどこにつながっていますか。

　たくさんの意見が出てくる。
　家の近くの電柱、変電所、大きな送電線、発電所という具合である。
　電力会社からもらってきた資料を示す。

＜発問３＞
この資料を見て分かったこと、思ったこと、気づいたことをノートに箇条書きにしなさい。

資料の読み取りで、電気は、発電所で作られ、変電所を経由して、家におくられてくることがわかる。
ここでもう一枚の資料を見せる。実際の地図に送電線が張り巡らされた資料である。大きな営業所に行けばもらえる。
もう一度聞く。

＜発問４＞
この資料を見てわかったこと、気づいたこと、思ったことをノートに箇条書きにしなさい。

・大阪をぐるっとまわる送電線がある。
・発電所は、山の中か、海のそばである。
・びっしり張り巡らされている。
・大阪には北からも南からも送電線が伸びてきている。

など、たくさんの意見が出る。
この気づきが、水力発電所、火力発電所、原子力発電所につながっていく。そして、電力の大消費地を支えるための工夫であることにも気づくことになる。
さらに、火力発電所と原子力発電所がどうして海のそばにあるのかが問題になり、エネルギーのほとんどを海外に依存していることにもつながるのである。
３、４年生の社会科では、このように「長いもの」がいい教材になる例が多い。道や川なども教材として研究してみたい素材である。

4 スケッチアップを活用したまちづくりの授業

グーグルスケッチアップを使えば、だれでも簡単に３Ｄモデルを作ることができる。まちを再現することだって可能なのだ。子どもたちにまちを再現させて、まちづくりを考えていく。

① スケッチアップで自分の家を作ることができる。
② 町に必要だと思うものを作ることができる。
③ アニメーションを使ってまちを紹介することできる。

参考にしたのは、TOSS インターネットランド (http://www.tos-land.net) の次のコンテンツである。

> TOSS ランドナンバー 6923308
> スケッチアップを使えるようになるサイト 許 鍾萬氏製作

1. スケッチアップで自分の家を作ることができる

まずは自分の家を作る。家の形状を作り、それに写真を貼り付ければいいだけであるから、簡単である。2時間でできる。

全員が一つ作れば、クラスの人数分の家が建つ。

おとなりさんを作れば、その倍になる。

これを教師がグーグルアース上に立てていく。

<指示1>
津波から身を守るものが町にはたくさんあります。ノートに書き出しなさい。

たくさんの意見が出てくる。
堤防、海抜の看板、水門などである。

<指示2>
それをスケッチアップで作ります。

これも一人一つ作る。
これも教師がグーグルアース上に立てる。
子どもたちの再現したまちを見ながら授業をする。

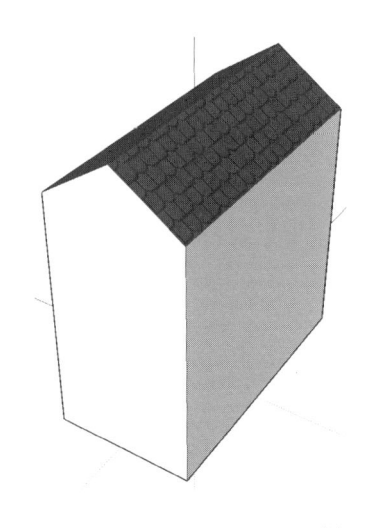

2. 町に必要だと思うものを作ることができる。

＜発問1＞
これ以外にあればいいと思える津波から身を守るものを、ノートに書き出しなさい。

これはできるだけ詳しく書く。
大きさ、置く場所、形など具体的であればあるほどおもしろい。

＜指示1＞
スケッチアップで作ってみましょう。

右のような風見鶏を作る子もいた。
これはこのままプレゼンに使える。
役場に行って提案することができる。

3. アニメーションを使ってまちを紹介することができる

スケッチアップを使うと3Dモデルを自由に動かすことができる。
これを使って、自分が訪れたい順番に動かすことができる。

＜指示1＞
自分がこのまちをお客さんに紹介するとすれば、どこをどの順番に紹介しますか。ノートに書きなさい。

子どもたちは自分の調べたものを使いながら順番を決める。

＜指示2＞
そこでどのように紹介しますか。紹介文をノートに書きなさい。

調べた事をもとに、紹介文を作っていく。

＜指示3＞
紹介文を1分以内で読めるようにまとめなさい。

ここは教師の評定が必要になる。
いらないところを削っていって、1分以内で終わるようにする。

この先の展開は2種類できる。

スケッチアップでする場合
グーグルアースを使う場合
である。

4. スケッチアップでする場合

＜指示4＞
自分の進みたい順番で、アニメーションを作りなさい。

順番に動かしながら、アニメーションを作成していく。
本当にまちを歩いているように感じる。

5. グーグルアースを使う場合

この場合は、自動では動かないので、プレイスマークを付けていく。
行きたい順番にプレイスマークを付けることで、グーグルアースのツアー機能を使うことができる。
さらに、グーグルアースを使う場合、子どもたちの声を再現することができる。
読み上げる声を、ユーチューブで再生することができる。

5 教えることを明確にして組み立てる単元「火事を防ぐ」

ここでは次のポイントを意識して組み立てる方法を紹介する。

その単元で教えなければならないことを明確にする。

まず、一枚の絵の読み取りをする。

＜発問１＞
　この写真を見てわかったこと、気づいたこと、思ったことをノートにできるだけたくさん箇条書きにしなさい。

　この写真は、教科書にある火事の写真を利用する。
　多くの消防士が写っている（ちがう色の服を着ている）写真が望ましい。

＜発問２＞
何種類の服がありますか。

　情報の選択をさせる。
　服の色を見るというコードを与えることで、写真の見方が変わる。
　写真によるが、銀色、オレンジ、黒の３種類が見つかるものが多い。

＜発問３＞
服の違いによる、仕事の違いは何ですか。予想してごらんなさい。

　銀色は簡単に想像がつく。火の中につっこむ。火を消す。などと出てくる。
　そこで、ノートに、オレンジ、黒と書いて予想させた。
　予想は、家で聞いてくることにする。保護者が消防署で働いている子どもがいる場合、正確な答えがわかる。

　服というキーワードをもとに次の写真を見る。

＜発問４＞
火事の現場に早く着くための工夫をできるだけたくさん見つけなさい。

　これは教科書の写真を見ながら考えさせる。
　教科書には、消防署を写した写真がある。これを使うのである。
　その写真からは、消防車が前向きに止まっている、服がきれいにかかっているなどの情報を得ることができる。
　それらを、以下のようにまとめる。

第五章　社会科大好きな子どもを育てる授業　そのまま授業にかけられるとっておきの具体例

火事の現場に早く着くための工夫である。

「火事の現場に早く着く」という視点を持ちながら見学の質問を考える。

＜指示１＞
見学に行きます。見学で質問したいことをできるだけたくさんノートに書きなさい。

だいたい10個書ければ、前に持ってこさせて、黒板に書かせる。
黒板で同じものを削りながら、減らしていく。以下質問である。

① どうして火事現場に早く着かなくてはならないのですか。
② もし火事が同時に起きたらどうするのですか。
③ 一番大変な仕事はどんなことですか。火事が起きたとき一番大変な仕事はなんですか。
④ 女の人は働いていますか。
⑤ 救急救命士の人は何人いますか。
⑥ 通信指令室には何人の人がいますか。
⑦ 車を動かす人は決まっていますか。
⑧ 走っていて、消防車のポンプを車から落とすことがありますか。
⑨ 一日かかって火事を消したことはありますか。
⑩ 何種類くらい消防車があるのですか。
⑪ 何で119番なのですか。
⑫ 町では年間、火事は何件おきていますか。
⑬ 消防訓練はどこでやっているのですか。
⑭ 家にいる時間は何時間ですか。
⑮ 消防車やポンプ車はどうして赤なのですか。
⑯ 一番多い火事の原因は何ですか。

この上で、見学に行く。もちろん、事前に質問を送る。
見学をすると、新たな疑問がわいてくる。日記帳や、ノートの中にある疑問を取り上げる。例えば、以下のようなものがある。

２種類の消防車がありました。どうちがうのだろうか。
早く火を消すための工夫はどのようなものなのだろう。

等である。そこで、次の発問で授業をした。

＜発問１＞
タンク車とポンプ車の違いを写真を見ながらできるだけたくさんノートに書きなさい。

一番の違いは次の２つである。

タンク車　水を積んでいる　→　到着後すぐに放水できる
ポンプ車　ポンプを積んでいる　→　到着して消火栓にホースをつなぐ

つまりこれも早く火事を消すための工夫なのである。
次のようにまとめる。

早く火事を消すための工夫

そこで宿題を出す。

＜指示２＞
消火栓と、赤い箱（ホース箱）を探してきてください。

ノートに

消火栓
赤い箱

と書き、調べたことを書く欄をあらかじめ作った。
子どもたちに調べさせ、記入させたことを、次の時間に発表させる。

＜指示3＞
調べてきたことを発表しなさい。消火栓からです。

消火栓の調査の発表が続く。
（例）家の前にありました。

＜指示4＞
次は、赤い箱です。

（例）消火栓のとなりにありました。

＜指示5＞　感想をノートに書きなさい。

（例）わたしたちの町のあちこちに消火栓があるんだな。
分析した文も出てきた。
消火栓が多いのは火事をすぐに消すためだ。

＜発問2＞
学校も同じようなシステムになっているでしょうか。

（なっている）

＜指示6＞
学校内にある火事をすぐに消す工夫をノートに箇条書きにしなさい。

同じシステムが学校の中にもあることを知る。
　早く火事の現場に着き、早く火事を消すという一番大事なことをくり返し学ぶようになっているのである。

6 地域の内容にあわせて組み立てる
　　津波から立ち上がった町　～和歌山県広川町～
ここでは次のポイントを意識して組み立てる方法を紹介する。

地域の内容にあわせて組み立てる

＜発問１＞
次の絵を見て分かったこと、思ったこと、気づいたことをできるだけたくさんノートに箇条書きにしなさい。

廣津波之図
http://www.inamuranohi.jp/cgi-bin/browse.cgi?no=5&dir=04&model=

子どもたちに発表させる。
子どもたちは、鳥居や堤防など現在も町にあるものを見つける。

＜指示１＞
安政南海地震の津波で水につかったところを青で塗りなさい。

安政南海地震被害地図／昭和南海地震被害地図
http://www.inamuranohi.jp/cgi-bin/browse.cgi?no=6&dir=04&model=

子どもに感想を聞く。

＜指示２＞
昭和南海地震の津波で水につかったところを青で塗りなさい。

子どもたちの家をプロットする。
両方を見比べながら以下のように聞く。

＜発問２＞
両方を見比べながら、分かったこと、気づいたこと、思ったことをノートに箇条書きにしなさい。

この中で、子どもたちは堤防によって町が守られていることに気付く。
そこでグラフの資料を見せる。

■ 第五章 社会科大好きな子どもを育てる授業 そのまま授業にかけられるとっておきの具体例

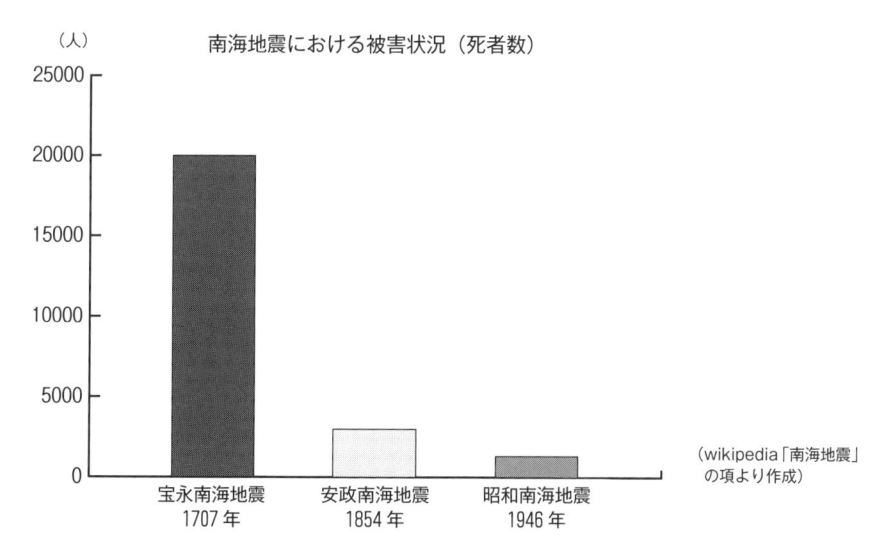

南海地震における被害状況（死者数）

（wikipedia「南海地震」の項より作成）

＜発問３＞
昭和南海地震の死者は何人ですか。
（1330人）

＜発問４＞
安政南海地震の死者は何人ですか。
（3000人）

＜発問５＞
死者が少なかった理由は何ですか。

＜発問６＞
宝永南海地震の死者は何人ですか。
（２万人）

＜発問７＞
昭和南海地震と安政南海地震の時には堤防がありましたか。

＜発問8＞
安政南海地震と宝永南海地震の時には何があってこんなに変わったのだと思いますか。

この資料で、堤防だけでないことに気付くことができる。

ここで、濱口梧陵（1820～85、津波から村人を救った。『稲むらの火』のモデル）の生きざまを学習する。
(http://www.inamuranohi.jp/inamura/index.html　参照)

その上で、堤防の見学をする。実物を体験するのである。
これらのことをもとにして、津波をふせぐ工夫を調べ学習する。

＜発問9＞
堤防以外に津波をふせぐ工夫をノートに書きなさい。

調べ学習をすることで、子どもたちは多くの工夫を知ることになる。
まちを再発見するわけだ。
知る中で子どもたちは自分のまちを好きになっていく。

7　見学をうまく組み込む「ごみ」の学習

ここでは次のポイントを意識して組み立てる方法を紹介する。

見学をうまく組み込む。

子どもたちの机を真ん中に向けさせ、真ん中を開ける。そこに新聞を敷き、ごみをふくろから出す。

＜指示1＞
ごみを一つ見つけたら、机にもどってきてノートに箇条書きにしていきなさい。

子どもたちはノートに書いていく。
ここで1本の短い鉛筆を見つける。（実は、1本の鉛筆を仕込んでおいても良い）

第五章　社会科大好きな子どもを育てる授業　そのまま授業にかけられるとっておきの具体例

＜発問１＞
この鉛筆はごみでしょうか。ごみではないのでしょうか。

これで討論を仕組むことができる。ただし少し追加指示がいる。以下に紹介する。

＜指示２＞
ノートにごみかごみでないかを書きなさい。

子どもの立場を確認してから次のように指示する。

＜指示３＞
理由をノートに書きなさい。

＜指示４＞
理由ができたら持ってきなさい。

全員に○を付ける。

＜指示５＞
机を真ん中に向けなさい。

＜指示６＞
だれからでもかまいません。発表しなさい。

これで４年生の４月でも討論が起きる。もちろん、駆け出しの討論である。
でも、ここでの経験が１年間の組み立ての基礎になる。
ちなみに、この答えは、両方考えられる。
人間の認識の仕方で、ごみにもなるし、まだまだ使えるものにもなる。
そして、目を家庭に向けさせていく。

＜発問２＞
おうちでは一日に何グラムぐらいのごみが出ているでしょう。

101

<発問3>
学校では一日にどれだけのごみが出ているでしょう。

<発問4>
町全体では一日にどれだけのごみが出ているでしょう。

<発問5>
ごみはどこにいくのでしょう。

ノートに予想と答えの欄を書かせて、家で調べてくるようにする。
こうすることで、子どもたちは、聞くことで調べることができるようになっていくのである。
調べ学習を終えてから、ごみ処理センターに見学に行く。その際、施設を順番にパワーポイントで示す。

<指示7>
環境センターへ質問したいことを書きなさい。

見学先のことがわかるから、深い内容が書けるのである。その上で見学に行く。
ごみのことと見学のことをノート見開き2ページにまとめる。

2 5年生を社会科好きにする授業

1 教科書で知的な授業を展開する

1．教科書を使った展開例

　社会科の授業では、教師が自分の足を使って教材研究し、資料を読み込んだうえで実践するのがよい。しかし、毎日毎日の授業をすべて自力でつくりあげるのは難しい。普段の授業では、やはり教科書を使うことになる。教科書には社会科で学習すべき典型的な事例が載っているからだ。
　しかし、毎日の授業で「教科書〇ページを開けなさい。」「読みます。」とはじめていたら、子どもたちは社会科を嫌いになってしまう。教科書を活用した授業でも、いくつかのパターンを使いこなすことが大切だ。

第五章　社会科大好きな子どもを育てる授業　そのまま授業にかけられるとっておきの具体例

① グラフから入る
② 絵から入る
③ 学習問題から入る
④ 教科書で自学する方法を教える
⑤ 教科書記述から因果関係を問う
⑥ 教科書の資料を批判させる

　ここでは、③学習問題から入る、と④教科書で自学する方法、の授業例を紹介する。

2.学習問題から入る

　教科書を使った授業で最も普通のパターンである。
　例えば、あるページでは次のような学習課題が設定されている。

栽培漁業で働く人たちは、どのようなくふうをしているのでしょうか。

　これをただ単に「読みます。」とした後で、本文に沿って展開していたら、全くつまらない授業になってしまう。そこで次のようにする。

教科書○〜○ページから、「くふう」を探してノートに書き出しなさい。

　そして、「1つ書けたら持ってきなさい。」と指示する。子どもたちを少し突き放し、自力で探させる場面だ。熱中し、知的な活動となる。
　ここでのポイントは、「1つ書けたら持ってきなさい。」という点である。
　1つだからこそほとんどの子が書ける。
　なお、子どもたちが持ってきたノートを見ながら教師は例えば次のように言う。

「よし。80点」
「正解！　でもまだほかにある」
「よく教科書を見ている。すごい。でも違う。」

　言葉は短くてよい。次々とノートを持ってくる子どもたちに対して瞬時に言う。

丁寧にしたり、だらだらしたりしていると意味がない。
全員が持ってきていなくても、2回目持ってきた子に板書させる。
そして、板書をしているときに、「まだ持ってきていない子は、先生のところにノートを持っていらっしゃい。」と言う。
その後、写している子への時間調整として黒板に書いたものを読ませる。
全員が1度はノートを持ってきたことを確認してから、書かれているくふうをまとめる。
例えば、「漁に使うあみの目を大きくするように決められている」というような意味の文章が並んでいるので、次のように発問する。

要するに、一言で言ってどんなことですか。

短くまとめさせる。
教科書によっては、キャラクターが登場して、課題をもとにした思考をさせる事柄が書いてある場合がある。
その場合は、ノートに形式を指定して考えを書かせる。
形式の例は次の通りである。

```
○○をし続けたら、
(                    )
と私は考えます。
そのわけは、
(                    )
だからです。
```

ノートに書いたことを発表させて終了となる。

3. 教科書で自学させる

一年に2回程度なら、自学させる方法もある。
次の手順で指導すればよい。

① 日付を書く
② 音読する

第五章　社会科大好きな子どもを育てる授業　そのまま授業にかけられるとっておきの具体例

　　　（1）タイトルだけ
　　　（2）小見出しだけ
　　　（3）絵、コラムなどの見出し
　　　（4）本文
　　③ キーワードを3～5つぐらい赤で囲む
　　　（1）タイトル、見出しから
　　　（2）絵やコラムの見出しから
　　　（3）本文から
　　④ キーワードをノートに書く
　　⑤ キーワードを1行か2行で説明する
　　　教科書、辞書
　　⑥ 絵・写真・図・グラフなどから1つを写し、説明や感想を書く

　詳細は拙著『教材研究にこだわる社会科授業の組み立て方』（谷和樹著作集 No.3 2007年4月、明治図書出版）をご覧いただきたい。

2 「資料活用能力」を育てる5年生の授業

1. 資料活用能力とは

　資料活用能力として、向山洋一氏は次の10項目をあげている。

【向山型資料活用能力】
A　資料集から資料がさがせる
B　資料の必要性がわかる
C　資料が読める
D　グラフの変化が読める
E　分析・統合ができる
F　課題に沿った情報の選択ができる
G　情報の構成ができる
H　調査・検証ができる
I　発表ができる
　　　↓
J　仮説をたて検証することができる

105

前記のAからJまでの一つ一つの項目が、資料活用能力である。

それらについて、5年生で学習する内容の中で子どもたちに力をつけさせなければならない。

ちなみに、5年生で学習する内容の中身は以下の通りである。

【5年生で学習する内容】
① 農業や水産業→稲作、野菜、果物、畜産物、水産物など
② 工業→金属工業、機械工業、石油化学工業、食料品工業など
③ 産業→放送、新聞、電信電話など
④ 国土の自然→国土の位置、地形や気候の概要、公害や生活環境、森林資源の働き

もちろん、すべての内容でAからJまでを扱うのではない。

5年生の修了時点で力がついていればよい。

2．資料の種類

資料集を見れば、学習内容全般が俯瞰できる。

資料集には、「A 資料集から資料がさがせる」の通り、【5年生で学習する内容】がすべて情報として載っている。

まずは、教師がパラパラと見ていくところからスタートとなる。

ちなみに、向山洋一氏の編集で私たちが開発したS社の社会科資料集は、2011年度の改訂後、前年比で430パーセントの売り上げ伸び率を記録した。

前年度110パーセントでも大躍進の世界である。430パーセントは奇跡的な数値だ。

この奇跡の伸び率の秘密はいくつもあるが、ここでは割愛する。

さて、資料はいくつかの種類に分類できる。

大きく分ければ「連続型テキスト」と「非連続型テキスト」だ。

連続型テキストは文章のことである。社会科で扱う資料は非連続型テキストが中心である。小学校教材に登場する「非連続型テキスト」をさらに分類すると、次の8種類である

① 写真
② イラスト・絵
③ 地図
④ 図解
⑤ アイコン（ピクトグラム）
⑥ チャート（図解＋表）
⑦ グラフ
⑧ 表

3．資料読解の視点

これらの資料には多くの情報が詰まっている。
資料によってその読み取り方は異なるが、基本的な原則はある。
その基本をふまえておくことが必要だ。
次のようなものである。

---

① 基本要件の押さえ
　（1）タイトル
　（2）出典
　（3）年度
　（4）縦軸
　（5）横軸
② 情報の読み取り
　（1）事象の存在
　　　1．〜ある〜いる　2．多くの情報を抽出する
　（2）事象の分布
　　　1．多い　2．少ない
　（3）変化の傾向
　　　1．少しずつ上がる　2．少しずつ下がる　3．変化なし
　　　4．急激に上がる　5．急激に下がる
　（4）空間的視点
　　　1．場所　2．方角　3．高さ
　（5）時間的視点

　　　　　　１．時刻　２．季節　３．年代
　（６）その他
③ 情報の意味をとらえる
　（１）音や匂いを読み取る
　（２）図解と文章との関係を読み取る
　（３）自分の経験との比較
　（４）全体から細部へ
　（５）細部から全体へ
④ 二つ以上の図解の関係
　（１）図解を結合する
　（２）図解を分割する
　（３）時間の流れを読み取る
　（４）場所の違いを読み取る
　（５）グラフの印象を分析する
　（６）因果関係を読み取る
⑤ 自分の意見を持つ

4．資料活用の授業発問例（折れ線グラフの場合）

　ここでは折れ線グラフの読み取りについて、ごく基本的なことを確認しておこう。

　発問１　グラフのタイトルは何ですか。

　発問２　出典は何ですか。

　発問３　年度はいつのものですか。

この３つが、最初に指導する「３点セット」である。
その後、「２点セット」を確認する。縦軸と横軸である。

　発問４　縦軸は何を表していますか。

　発問５　単位は何ですか。

第五章　社会科大好きな子どもを育てる授業　そのまま授業にかけられるとっておきの具体例

発問6　横軸は何を表していますか。

縦軸と同じように単位も聞く。
そして、変化の傾向を読み取る。

発問7　1970年から1980年までどのように変化していますか。一言でノートに書きなさい。

変化がわかりにくい場合は、グラフに1本、線を引いて2つの時期にわけるなどの工夫をする。

発問8　減った理由は何ですか。教科書から探してノートに書きなさい。

扱う内容によって、理由の数は変わる。
もちろん、教科書以外の資料も活用し、横断的に理由を探すこともある。
数を限定することで、視点が明確になる。

③ 社会のできごとの「原因と結果」がわかると楽しくなる

1．教科書から原因を探す例

グラフの変化の原因を教科書から探すように指示した。
子どもたちは、必死に探す。
当然、見つけにくいものをあえて指示している。
グラフの載っているページに原因の記述がない場合もある。その場合でも、教師は教えないで待っていればよい。
子どもたちから質問が出たり、探し当てたりするまで待つ。どうしてもという場合は、子どもたちの活動を広げるために次のように言う。

先生は教科書の中からと言いました。
もちろん、どのページでもかまいません。

すると、教科書の違うページを探すようになる。熱中して次々にノートをもってくる展開になる。

2. 教科書以外から原因を探す例

教科書に載っているグラフを元にして、調べ学習に展開を広げる場合もある。

原因はこれ以外にもあります。
原因となる資料を、社会科資料集や図書館の資料から探してらっしゃい。

活動に慣れている子どもたちの場合はこの指示だけで動く。しかし、はじめての場合などはもう少し丁寧な指導が必要である。

原因は教科書に載っていること以外にもあります。
図書館などで調べることにします。
みんななら何で調べますか。

調べる方法を聞く。資料集、国語辞典、百科事典、統計資料などが出てくる。何を使ってもいいことを説明する。
その後、ノートの書き方について指導する。

① 資料名
② 巻数、ページ
③ 出典・年月日

ノートに書く場所をあらかじめつくらせる。
そして、調べ活動に入る前に、次のことは言っておく。

図や絵は写してもいいですが、説明は自分の言葉で書きます。
文章の丸写しをしてはいけません。

調べる時間をとる。
調べ終えたら、意見交流をする。黒板に書いて発表する、班で発表するなど、友達の情報を知り、情報を蓄積する。
ある程度の蓄積ができたら、仮説をつくらせる。例えば、農作物の輸送量の変化に関するグラフを扱っていた場合は次のようになる。

農作物の輸送量の変化に関するグラフについて調べています。
変化の原因について次のような文章をつくります。
 A ～であるから輸送量が増えている
 B ～であった場合、輸送量は増える。
 C 輸送量が増えているのは～である。

これは向山洋一氏の追試である。
ノートに書いた後は、指名なしで発表する。

自分の仮説を発表してもらいます。どうぞ。

子どもたち同士の発表のなかで、自分の仮説を述べるだけでなく、質問や疑問といったこともちろん、批判まで出てくる。
発表が一通り終わったら、再び作業に入る。

友達の発表を聞いてもう一度仮説を作ります。

新しい仮説ができたら、検証する。

自分がつくった仮説のなかから重要だと思うものを３つぐらい選びなさい。
重要だと思った仮説を証明してもらいます。
もちろん、証明するためには資料が必要です。
しかし、文は必要ありません。
図とかグラフだけにします。

変化をつけながら、因果関係に注目した問いを発見し、情報を収集、分析していくのである。

4 流通の授業でモノとお金が流れるしくみを教える
1. シンプルな図で流れを表す
モノと流れをイメージさせる必要がある。
図にまとめていく方法がいい。
授業例を示す。

私たちが食べている野菜。その野菜をつくる人を生産者といいます。
言ってごらんなさい。

要するに農家の人々が生産者です。

簡単に説明する。

生産者が作った野菜などを食べる、私たちを消費者といいます。

左端に生産者、右端に消費者となる図をかく。

図のように、生産者と消費者を結ぶことを流通といいます。

流通とは何かを教える。
そして、流通を支えている人々が、生産者と消費者の間にいることを扱う。

私たちは食べる野菜をどこで、誰から買いますか。
ノートに書いてごらんなさい。

　農家、スーパーマーケット、コンビニエンスストア、百貨店、野菜直売所などである。

私たちが買うことのできるように売る人のことを小売業といいます。

小売業を図に書きこむ。

小売業の人々も私たち消費者に売る野菜を買っています。
市場や問屋などで買っています。
そのような人々を卸売業といいます。
もちろん、農家など野菜をつくる人、生産者から直接買う場合もあります。

これで流通の基本図が完成する。

生産者から消費者（左から右）に向かって、モノ（ここでは野菜）が流れ、消費者から生産者（右から左）に向かって、お金が流れる図となる。
　専門用語である、川上（生産者）、川下（消費者）を書きこんでもよい。

2.流通を支える工夫

　流通で流れているものは、モノとお金だけではない。
　例えば、情報がある。
　子どもたちがその情報を目にすることのできる例として産地表示（「トレーサビリティ」）がある。お店（小売業）に並んでいる野菜が、いつ、どこで、誰によって、どのように生産されたものなのかといった情報をはじめ、どういうルートで卸売業、小売業にわたっているのかすべて記録されている。最近では、私たち消費者が店頭で確認できるようにバーコードのついた野菜を売っているので、調べ学習として扱いやすい。

食べ物が100％安全じゃないとしたら、このどこかで、何か安全じゃない
ことが起こるのですね。
どの場所で、どんな心配なことがありますか。
「場所」と「心配なこと」をノートに書きなさい。

　安全をキーワードにする。
　発表を終えた後、

心配なので、見に行きたいなと思う人？　見に行くのは大事なことだと思う人？

　アンケートをとると9割の人が大切と考えていることを説明する。

この安全かどうかたどる仕組みのことを、難しい言葉で「トレーサビリティ」と言います。
「トレース」というのは「たどる」。
「ビリティ」というのは「〜ができる」。
「トレーサビリティ」言ってごらん。

　難しい言葉を短く説明する。定義はきちっとおさえる。

日本全国で作られたいろんな農作物を「つくる」ところをたどれるのです。
先生が昨日買ってきた、この写真の中に、その秘密が隠されています。
わかった人？　それだ、と指差せる人？　名前がいえる人？

自分たちの身近にあることで興味をもたせる。

「QRコード」と言います。「2次元バーコード」とも言います。
これを携帯電話のカメラで写します。
そしてボタンを押すと、インターネットにつながって、「つくる」ところが
わかります。

「トレーサビリティ」の仕組みを直に見せて説明する。

いろんな心配なことがあるけれども、それぞれの場所で、いろんな人が工夫
をして、安全に食べられるように努力しているのです。

　この授業は、各学校に配布されている「農業のしくみとお金のしくみ」のテキス
トを使っても実施可能である。
　なお、流通に関する工夫はほかにもあり、運輸という一面から扱う方法もある。

5　農業単元「庄内平野」の導入例

　4月最初の授業である。
「1枚の写真の読み取り」からスタートする。
教科書、資料集には庄内平野の様子を空から撮影した見開きの写真が載っている。
この写真1枚で1時間の授業を展開する。
別の項でも解説したが、主発問は次のとおりである。

この写真を見て分かったこと、気がついたこと、ほんのちょっとでも思った
ことを、できるだけたくさんノートに箇条書きしなさい。

　ノートには①、②……と番号をつけて書かせる。
「1つ書けたら持ってらっしゃい」といったら、あっという間に列ができてしま

第五章　社会科大好きな子どもを育てる授業　そのまま授業にかけられるとっておきの具体例

う。
　そのため、

5年生なので5つ書けたら持ってらっしゃい。

と指示する。
　ノートチェックのポイントは必ずほめることである。4月最初の授業なのでなおさらのことである。
　ノートチェックの後は、黒板に縦書きで板書させる。そして、発表させる。
　発表が終わったら教師は10点満点で評定する。「田がある」、「山がある」といったものは1点、と次々と点数をつけていく。このときの点数のつけ方は教師の基準でよい。とにかく悩まずにつけていくことがポイントである。向山洋一氏の「雪小モデル」(61ページ参照)を参考にするとよい。
　評定した後は、再度「写真の読み取り」をすることもあれば、子どもが発見したことから突っ込んだ発問をする場合もある。
　4月最初の授業から全員を巻き込んでいく。簡単なことでも立派な発見であり、重要なことなのだという姿勢を教える。

6　子どもたちの内部情報を蓄積させる工業単元の導入

　社会科の授業で大事なことの一つに、子どもたちの身近にある事柄から入っていくという視点がある。突然、「自動車や鉄に関する工業について勉強します」と言われても子どもたちは「えっ」と感じるだけだ。そのことに関する情報を持っていないからである。
　向山洋一氏が授業した「工業地帯の分布」から学ぶのが最も良い。ここでは導入の部分だけを簡単に見てみよう。

教室にある工業製品をすべてノートに書きなさい。

　これだけの指示で子どもたちは熱中する。
　教室内という限られた空間であっても10個、20個はあっという間に超える。
　1人での作業ペースが落ち始めたら、ペア研究、グループ研究に切り替える。補足し合うのである。子どもたち同士の作業で瞬く間に数が増える。
　列挙することができたら、

工業製品でないものをノートに書き出しなさい。

と指示する。
対比する前段階の作業である。
書き終えたら、

工業製品と工業製品でないものの違いを見つけ、ノートに書きなさい。

このようにして、違いを検討していく。
作業を終えたら、指名なしで発表していく。
そして、最後に

工業製品とは、原材料を加工して作る製品である。

と一言でノートにまとめる。
「工業地帯が成立する条件は何か」という「仮説」を立てる作業に進む。

7 「雪国のくらし」で討論の授業に挑戦する

あたたかい地方のくらしと寒い地方のくらしを比べる形で授業を進める。本授業プランは、向山洋一氏の授業「雪国のくらし」を元にした修正追試である。

```
<単元計画>
第1時  雪体験を絵に描く
第2時  雪国の人々の生活を知る
第3時  もしも2メートルの大雪が降ったらどうなるか考える
第4時  雪国の人々のくらしを考える
第5時  雪国の人は雪が多くて学校に行けないのではないかということについ
       て検討する
第6時  雪国では家の作り方はどうなっているか資料から読み取る
第7時  雪国の人は損しているか、していないか討論する
```

寒い地方である「雪国」に焦点をあてた授業展開をしている。あたたかい地方に

ついては丁寧に一つ一つ扱っていないが展開が可能である。

この授業プランでは、資料の読み取り、発表・討論という流れが繰り返し出てくる。

それについて、もう少し丁寧に説明する。

第1時は実態調査である。子どもたちがどれだけ体験していて知っているかを調査している。

第2時は1枚の写真から分析したことをノートに書き、発表・討論する。

第3時では子どもたちがイメージしやすい工夫をする。例えば、1mものさしをつないで、学校内の施設や遊具が降雪によってどうなるのか調べるという活動にする。

第4時では2枚の写真から雪国の人々のくらしについて検討する。ここでも、自分の考えを発表して討論する。

第5時では資料から証拠を探し出し、自分の考えを発表・討論する。

第6時、第7時も同じ展開となる。

なお、第7時ではこれまで第1時から扱ってきた内容のあたたかい地方の例を子どもたちが自ら分析したことをふまえて討論することになる。調べ学習の場を設ける必要があることは言うまでもない。

3 6年生を社会科好きにする授業

1 歴史年号・歴史人物を楽しみながら覚える

小学生が覚えておきたい歴史年号や歴史人物名などを、楽しみながら覚えることができる方法がある。

歴史年号は、すべて覚える必要はない。それより、重要な出来事の年号を覚えて、間の出来事は大まかな流れとして知る方が大切である。

歴史人物は、エピソードと併せて覚えるとよい。

ここでは、カルタ、フラッシュカード、語呂合わせで覚える方法を紹介する。

1. カルタで覚える

遊びながら自然にキーワードや人物の様子が覚えられる点で、カルタは小学生に最適な教材と言える。

フラッシュカードと同じように、歴史年号なら、カードの表に出来事、裏に年号を書く。

歴史人物ならば、表に顔、裏に名前やエピソードのキーワードがあるとよい。
　授業の開始に札を配り、教師が読み始めるだけでよい。子どもたちはすぐに集中する。
　またTOSS福井の研究会が開発した「歴史人物カルタ」は大変よく考えられていてお勧めできる。

（１）ペアを決める
　カルタは通常複数の人数で楽しむ遊びだが、授業で用いるには二人で一組が理想である。大人数だと、得意な子や覚えている子のみ、札を取ってしまうためだ。
　教室で五色百人一首を楽しんでいるクラスなら、同様のやり方ですぐに取り組める。

（２）札を並べる
　まず、二人が向かい合わせになり、札を半分に分ける。
　札は自分の前に、縦横の数を決めて並べる。例えば、自分の札が10枚なら、横5枚、縦2列で並べるのである。

（３）札を読む

＜指示＞
　先生が１枚ずつ読みます。最後に名前が出てきますから、出てきた名前の書いてある札を取りなさい。

　札は、必ず教師が読むようにする。スピードを変えたり、読み方を工夫できるのは、教師だけだからである。
　最初の札を読む。

＜説明＞
① 取るときは、「はい」と言って取ります。

以下、札を一枚読む度に、一つずつルールを説明していく。

② 取った札は、裏返しにして手前に置きます。

第五章　社会科大好きな子どもを育てる授業　そのまま授業にかけられるとっておきの具体例

③ 取るとき、手を空中にぶらぶらさせてはいけません。手は机の手前につけておきます。
④ 二人で取ったとき、手が下の人が早いのです。どちらか分からないときにはじゃんけんをします。
⑤ 間違えた札を取った時はお手つきです。自分で取った札を一枚、場に出します。札がないときには、一回休みになります。
⑥ 立ってやっても、かまいません。
⑦ 次の札を読み始めるまでの間、裏を見てもいいです。

（4）勝敗を伝える
17枚読んだら終了とする。

＜指示＞
札を数えなさい。取った枚数の多い人の勝ちです。

慣れると、一試合5分程度で行える。

なお、インターネットからダウンロードできる「歴史人物五色五十人一首」もある。TOSSランドからアクセスしていただきたい。

TOSSLAND NO.1143005

2. フラッシュカードで覚える

フラッシュカードを利用すると、短時間の繰り返しで自然に覚えることができる。授業の始まりや、隙間の時間を利用する。

歴史年号なら、カードの表に出来事、裏に年号を書く。歴史人物ならば、表に顔、裏に名前やエピソードのキーワードがあるとよい。

厚紙で自作もできるし、市販のカードもある。

一度に扱うカードは、5枚程度とする。一度にたくさん覚えさせるのではなく、毎日少しずつ扱うようにする。

（1）フラッシュカードを読む
フラッシュカードを切りながら、子どもたちの前に立つ。

＜指示＞
先生の後に続けて言いなさい。卑弥呼。

T：卑弥呼
S：卑弥呼
T：卑弥呼
S：卑弥呼

と二回繰り返す。
裏を一瞬見せて字を確認したら、すぐに、次のカードを読む。
5人分終わったら、今度は、一回ずつ教師の後に続けて言う。
次は、教師は言わないで、子どもだけで言わせる。
この二回→一回→子どもだけ、がフラッシュカードの基本となる。

（2）カードの持ち方を工夫する
カードは手前のカードを持ち上げて、前に送る。
丁度、紙芝居と逆である。
英語のフラッシュカードと違い、教師の口の形を意識して見せる必要はないので、顔の横に持ってくる必要はない。
後ろから前、後ろから前と、スピードをつけ、テンポよく行っていくと、子どもたちは熱中する。

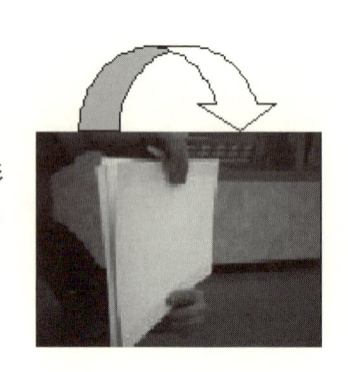

（3）応用
歴史年号カードの場合は、「年号を見せて出来事を言わせる」「出来事を見せて、年号を言わせる」などの、バリエーションがある。

3. 語呂合わせで覚える

年号を覚える方法として、昔から行われている。多くの参考書やインターネットで、情報が手に入るし、自分で作ることもできる。
語呂合わせは、単なる数字合わせより、意味のある言葉の方が記憶に残りやすい。
例えば、「710年平城京遷都」では、

第五章　社会科大好きな子どもを育てる授業　そのまま授業にかけられるとっておきの具体例

A　納豆食べて平城京
B　南都の名は平城京

というような覚え方があるが、AよりBの方がエピソードが浮かび長く覚えられると言われている。

2　大きな歴史の流れをつかませ、ダイナミックに展開する授業

　生活経験の少ない小学生にとって、歴史の時間的経過は感覚的にわかりにくい。印象に残るためには、キーワードを用いるとよい。
　伝記などを読んでその時代の様子が記憶に残るのは、エピソードの記憶である。これは一人の人物の生きた数十年くらいならよい方法である。しかし、数百年にわたるような大きな歴史の流れをつかむには、その時代や代表する人物を「ひとこと」で言わせるキーワードの指導が役に立つのである。
　ここでは次の資料を参考にした。

---
① TOSS インターネットランド (http://www.tos-land.net)TOSS ランド
　ナンバー 1143023　吉田高志氏 HP
②『向山洋一実物資料集・第7巻授業編』明治図書出版・1988年刊
③『教え方のプロ・向山洋一全集7・知的追求・向山型社会科授業』明治図書出版・2000年1月再版
④『「再現する学習」で創る向山式社会科授業』明治図書出版・2000年1月刊

　全国統一を図った織田信長、豊臣秀吉、徳川家康の三人の武将の生き方を比較するには、次のような方法がある。

＜1時間目＞

織田信長、豊臣秀吉、徳川家康は、どんなことをしましたか。教科書や資料集を使って調べなさい。

　それぞれの文章について、ノートに1、2行でまとめさせる。
　調べるというと、すぐにインターネットを思い浮かべがちである。しかし、身近

な教科書や資料集を使いこなせない児童は、インターネットで検索した資料も使いこなすことはできない。
　まずは、身近な資料で基本的な事柄を学ばせるのである。

　三人はこの時代を、どのようにして生きようとしましたか。ひとことで言いなさい。

　この「ひとこと」がポイントである。
　短く言うためには、よけいな言葉や情報を省く必要がある。そこで、頭はフル回転をするのである。
　全員に、ノートに書かせるようにする。
　班の活動にする場合には、十分に話し合わせて、ノートに書かせる。

　この時代はどんな時代ですか。ひとことで言いなさい。

　やはり「ひとこと」がポイントとなる。

＜2時間目＞
　討論の準備として、考えをノートにまとめる作業を行う。

　この時代は、どんな時代ですか。

　前時の確認である。
　「天下の統一をめざした」などと、教師がまとめてもよい。

　この時代を代表する人物を一人選びなさい。

　織田信長、豊臣秀吉、徳川家康の三人の武将から、一人を選ばせる。
　時代の代表として選ぶからには、何らかの理由があるはずである。
　しかし、いきなり理由を書かせようとすると難しいので、以下の指示を伝える。

　選んだ人物について、そのことを証明するエピソードを5つノートに書きなさい。

第五章　社会科大好きな子どもを育てる授業　そのまま授業にかけられるとっておきの具体例

　エピソードならば、教科書や資料集の出来事から選ぶことができる。そのエピソードを選んだ上でなら、理由を書きやすくなる。
　ここでの流れは以下のようになる。

> ① 個人で調べる（調査）→班ごとにまとめて表にするKJ法（川喜田二郎氏が考案した手法。フィールドワークで多くのデータを集め、ブレインストーミングでさまざまなアイデアを出しそれらのデータやアイデアを統合し、新たな発想を生み出すカードを使った手法。『発想法―創造性開発のために―』川喜田二郎著、1967、中公新書に詳しい）。
> ② 最も象徴的なことを一つ選ぶ。
> ③ 発表する。
> ④ 他の班との違いを、討論する。

　作業を通して、子どもたちの中に、内部情報が蓄積される。
　この人物、エピソード、そして理由が、討論の根拠となる。

＜３時間目＞
２時間目にまとめたノートを使って、討論を行う。

この時代を代表する人物は誰ですか。

　まず、三人の武将の誰を選んだか挙手をさせ、人数の分布を確認する。
　次に、人数の少ない武将を選んだ生徒から、発表をさせる。
　聞いている児童には、発表者についての質問事項や反論をメモさせる。
　全員の発表が終わったら、討論をさせる。
　もちろん、結論を出すことが大切なのではなくて、根拠をもって発表できること、選んだエピソードや理由が、相手に分かりやすく伝えられることなどが重要である。
　討論により、代表する武将を変更する児童もいるだろうし、また、自分の選んだ武将にこだわる児童もいるはずである。
　いずれにしても、考えが深まればよい。

＜4時間目＞
　自分のノートや、全時の討論をもとに、「戦国時代を代表する人物は誰か」というテーマで、報告を書かせる。

3 討論の授業で社会科が楽しくなる

　討論とは、あるテーマや課題に対して、子どもたちの話し合いが続く授業である。討論は単なるおしゃべりではなく、「論点が明確」で、「見方・考え方が分かれ」ていて、さらに、「自分の主張を根拠を示して発言する」話し合いである。
　討論によって、さまざまな間違いは修正され、水準の高い論理が展開されていく授業となるのである。
　ここでは、次の資料を参考にした。

---
① TOSSインターネットランド (http://www.tos-land.net) TOSSランドナンバー 1143228 高岡宣喜氏 HP
② TOSSインターネットランド (http://www.tos-land.net) TOSSランドナンバー 1143230 松本俊樹氏 HP
③ 『向山型社会科の全体像を探る・谷和樹著作集No.1』・明治図書出版・2007年
④ 『教え方のプロ・向山洋一全集7・知的追求・向山型社会科授業』明治図書出版・2000年1月再版
⑤ 『教え方のプロ・向山洋一全集44・向山型社会科研究の方法』明治図書出版・2002年5月刊

1.「縄文人の平均寿命」で討論＆インターネットを使った学習をする

　縄文人の平均寿命を考えながら、討論を行う授業である。縄文時代の生活の様子が描かれた絵を用意する。

＜指示1＞
　絵を見て、わかったこと、気づいたこと、思ったことを、できるだけ多くノートに箇条書きにしなさい。

　歴史の授業の初期である。資料の読み取りを指導する。箇条書きにしていきながら、子どもたちは、資料の細部にまで目を通すようになる。

第五章　社会科大好きな子どもを育てる授業　そのまま授業にかけられるとっておきの具体例

<指示2>
三つ書けたら持っていらっしゃい。

　教師は、称賛しながら確認の○をつけていく。子どもたちにとって励みになるし、教師は、子どもたちの作業の様子が把握できる。見せた子は、引き続き箇条書きの作業を続ける。全員見せ終わったところで、指名なし発表をする。

<指示3>
絵の中の、男には青○、女には赤○をつけなさい。

　男女で、仕事が異なっているのに気づかせる課題である。作業を続けていくと、遠くの小さい人物の性別も判断できるようになる。

<発問1>
この時代の平均寿命は、「わりと長かった」のでしょうか。それとも、「短かった」のでしょうか。どちらかを、ノートに書きなさい。

　予想なので、全員に書かせる。書けたかどうか確認した後、分布を調べる。

<指示4>
理由をノートに箇条書きにしなさい。

ノート作業の時間を５分取り、発表させる。
<「長かった」派の意見の例>
・食べ物が豊富だったから　・自然食で健康だったから
・自然が豊かだったから　　・環境問題が起こっていなかったから
<「短かった」派の意見の例>
・医者がいなかったから　・食べ物が十分にとれなかったから
・病院がなかったから　　・栄養のバランスがとれていなかったから

<指示5>
反対意見を考える時間を取ります。同じ立場の人と、話し合ってもいいです。意

見はノートに書きなさい。

　討論の初期の指導となる。子どもたちは、これまでの自分が知っている情報を元に、話し合うわけである。
　論拠を一人で組み立てるのは難しいので、同じ立場の人と話し合わせるのがよい。反対派がいると、お互いに話し合いは盛り上がる。

＜指示６＞
討論を行います。意見のある人は、立って発表しなさい。

　発表は、ノートに書かれていることを発表させればよい。
　初めての討論ならば、ルールを指導する。
　この時期はまだ、発言が偏らないようにしたり、話し合いの方向を修正したりするのは教師の役割となる。
　発言が止まったら、「まだ、発言していない人、立ちなさい。」と指示をして、ノートを読ませてもよい。

＜指示７＞
縄文時代の生活について、さらに詳しく調べてみましょう。

　前の話し合いは、根拠があいまいだったり、相手を説得できるだけの証拠となることは少ない。ここで、自分の意見をより確かにするために、調べ方の基本を教えるのである。
　調べ学習を十分に行っていない場合には、インターネットでいきなり調べてはいけない。まずは教科書や資料集を読ませることから始める。教科書や資料集から、必要な情報が取り出せないようであれば、インターネットの資料も、当然使いこなすことはできないからである。
　次に調べるのは、図書室の本である。歴史関係の本から百科事典に至るまで、どのような資料があるのか、教師は把握しておく必要がある。
　資料の数が少なかったり、資料の使い方の全体指導を行う場合には、必要なページを印刷し配布する。
　これまで、インターネットを使っている学級ならば、ホームページを指定して、調べさせるのもよい。調べ学習の後、改めて分布を調べる。

＜指示8＞
改めて聞きます。この時代の平均寿命は、「わりと長かった」と思う人は手を挙げなさい。「わりと短かった」と思う人、手を挙げなさい。

立場が変化した場合には、その理由を発表させる。この考えの変化が、学習の効果なのである。
調べてみると、縄文時代の平均寿命は10代前半〜30代までの説がある。
いずれにしても、現在よりも、ずっと短いことがわかる。
討論では、明らかにおかしい意見は、消されていく。子どもたちは、自分たちで調べて答えを導き出す学習の楽しさを学ぶことができるのである。

2. ペリー来航で日本人の気概を教える（向山実践の追試）

ペリー来航の授業を通して、当時の日本人の気概を伝える授業である。
ここでは発問のみ載せる。詳しくは、TOSSインターネットランド(http://www.tos-land.net TOSSランドナンバー1143230) 松本俊樹氏のHPを参照していただきたい。(「追試」とは、他人の実践を自分の教室で実践してみること。)

＜発問1＞
黒船が来たとき、日本の政治をしていた人々（幕府）の気持ち（反応）は、次のうちどれに近いと想像しますか。

A 黒船の意味そのものが分からない。
B びっくりしておろおろするばかり。
C すごいなあ。でも、まねして日本でも作ってしまえ。

＜発問2＞
では、実際に黒船に乗り込んで交渉に当たった幕府の役人はどうだったでしょう。

A 黒船の意味そのものが分からない。
B びっくりしておろおろするばかり。
C すごいなあ。でも、まねして日本でも作ってしまえ。

＜発問３＞
ペリーが幕府に持ってきたおみやげは、何だったでしょうか。

＜発問４＞
これらのおみやげは、何のために持ってきたのでしょう。

＜発問５＞
ペリーは、江戸湾の奥深くに黒船を動かし、江戸の町並みをながめたと言います。ペリーが見た町並みは、どんな様子だったでしょう。150年前の町並みを、想像してみてください。

＜発問６＞
黒船に乗った幕府の役人の気持ちや考えたことを想像してください。

＜発問７＞
黒船に乗った役人は、何かを残しています。何を残しているでしょう。

＜発問８＞
もう一度聞きます。黒船が来たとき、日本の政治をしていた人々（幕府）の気持ち（反応）は、次のうちどれに近いと想像しますか。

　Ａ　黒船の意味そのものが分からない。
　Ｂ　びっくりしておろおろするばかり。
　Ｃ　すごいなあ。でも、まねして日本でも作ってしまえ。

＜発問９＞
みやげにもらった蒸気機関車を、何年後に作ることができたのでしょうか。鉄を使って、蒸気を出して、レールを敷いて、人を乗せて動かすものです。

＜発問10＞
黒船そのものを作ったのは、何年後でしょうか。

4 社会授業開き「人間の歴史はどれくらい」

授業では、教科書を使う。しかし教科によって、教科書を扱う割合は異なる。

社会科では、教科書を扱う割合は「3割でよい」と言われる。それは、事例主義で組み立てられているからだ。ある概念を教えるのに、事例を探すのが、教師の教材研究である。

6年生の社会科では歴史を扱うが、それは通史になってはいけない。人物やエピソードを中心に授業を組み立てると、歴史的な出来事が身近な課題として考えられるようになり、子どもたちが熱中する授業が可能となるのである。

ここでは、小学生の子どもたちに、時間的な流れを具体的にイメージさせるものとして、地球の歴史と人間の歴史を量感的につかませる授業を紹介する。

まず、3mの紙テープを黒板に貼る。

＜説明1＞
3mの紙テープで、地球が生まれてから現在までを表しています。

時間の流れを紙テープという半具体物で表し、視覚化した。

＜発問1＞
人類が生まれたのは、紙テープのどの辺だと思いますか。

テープの中に人類の誕生を位置づけるには、何らかの根拠があるはずである。正解を求めたいのではなく、全員を授業に参加させるための発問である。

＜説明2＞
地球の歴史は、50億年と言われています。
3mで50億年だから、50億を3で割れば1mが何年か分かります。

＜板書＞
3m→5000000000年
1m→約1700000000年

テープ図に、17億年と書き込む。

＜発問２＞
10cmだと何年になりますか。
１cmだと何年になりますか。
１mmだと何年になりますか。

＜板書＞
10cm→ 170000000 年
１cm→ 17000000 年
１mm→ 1700000 年

＜発問３＞
では、人類の誕生はいつでしょう。教科書、資料集、図書室の本、何でもよいから、調べて証拠を探しなさい。

時間を取り、証拠を探させる。見つかった時点で、授業を続ける。

＜説明３＞
仮に300万年前だとしましょう。１mmが170万年前だから、２mm位ですね。

３ｍという地球の歴史に対して、２mmというあまりにも短い人類の歴史に、子どもたちは改めて驚くのである。

第六章

子どもたちを熱中させ、情報処理力をつける授業

最先端のICTを活用する

1 インターネット検索を活用した授業

1 「キーワード検索」の技能が重要

　新学習指導要領「教育課程部会におけるこれまでの審議のまとめ」を読む。
　「社会の変化への対応の観点から教科等を横断して改善すべき事項」の最初の項目として挙げられているのが『情報教育』である。

> 小学校段階では、各教科等において、コンピュータや情報通信ネットワークなどの積極的な活用を通じて、その基本的な操作の習得や、情報モラル等にかかわる指導の充実を図る。特に、総合的な学習の時間において、情報に関する学習を行う際には、問題解決的な学習や探究活動を通して、情報を受信し、収集・整理・発信したり、情報が日常生活や社会に与える影響を考えたりするなどの学習活動が行われるよう配慮することとする。また、道徳においても、その指導に当たって、発達の段階に応じて情報モラルを取り扱うよう配慮する。
> （「教育課程部会におけるこれまでの審議のまとめ」より　P65）

　小学校の情報教育は、第一に『調べ学習』、第二に『情報モラル』の学習である。
　調べ学習においては、「情報を取り出す」「整理する」「活用する」「記録する」「報告する」「発表する」までがセットになる。
　「インターネット調べ学習」は、一言でいうと「キーワード検索」につきる。
　キーワード検索がうまい人が、インターネット検索がうまい。
　瞬く間に情報を探してこられる人は、「キーワードをどう設定するか」という力が強い傾向にある。
　この「キーワード設定の力」というものは量をこなさないと身につかない。
　だが、ある種の基本的なことは、「授業の中」で子どもに教えてやる必要がある。
　どういう言葉を入れるのがいいのか。
　漢字で検索するのか平仮名で検索するのか。
　どういう言葉を入れると子どもにわかりやすいページが出てくるのか。
　検索技能を教えれば、それだけで子どもたちのインターネット調べ活動は変わる。
　教える時のポイントは「成功体験」である。
　「キーワードを上手に設定すると、ほしい情報がすぐに出てきた」という成功体験こそが、子どもたちに検索技能を習得させる。

第六章　子どもたちを熱中させ、情報処理力をつける授業　最先端のICTを活用する

エピソード記憶として残るのだ。

2 情報を処理する能力

社会科の基礎・基本ともいえる「情報を処理する能力」。

その中身は、大きく4つに分けられる。

第一は、「情報を探す力（検索）」。

第二に、「情報を選ぶ力（選択）」。

第三に、「情報を読む力（分析）」。

そして、第四に、「情報をまとめる力（総合）」である。

現在なら、「インターネット活用調べ学習」をどう組み立てるかがテーマとなる。

インターネット活用調べ学習を指導する前提として、教師自身がインターネットを活用した情報の検索に習熟していなければならない。また、国語辞典や百科事典などを十分に使いこなせる技能を身につけていなければならない。

その上で「検索エンジンそのものをどう教えるか」「キーワード検索をどう教えるか」といった内容を具体的にあつかう必要がある。

では、インターネット活用調べ学習でどのような力が身に付けばよいのだろうか。

次のような項目をチェックすることで、子どもたちが自己評価できるようになる。

```
A  キーワードを入れて、検索できる。（10点）        □
B  キーワードを変化させて、検索できる。（20点）    □
C  キーワードを付け足して、検索できる。（20点）    □
D  ホームページから情報を取り出せる。
   ①絵や写真を1つか2つ、選んで取り出せる。（5点）
   ②出典、年度（不明の場合はアドレス）を書ける。（5点）
   ③大切な言葉（キーワード）を抜き出せる。（5点）
   ④キーワードを使っての説明を書ける。（5点）
E  自分の言葉で短くまとめられる。（30点）        □

100点満点    ― 調べ学習大名人
95～80点    ― 調べ学習プロ             合計 □ 点
75～60点    ― 調べ学習名人
60点以下    ― 調べ学習初心者
```

次のA～Eのうち、できるものには○をつけましょう。
○のついた点数の合計点が、今のあなたの「調べ学習名人」度です。

133

3 インターネット検索のやり方を教える

例えば、「豊岡ってどんなところ？」なのかをインターネットで検索する。
Google などの画面を見せて、次のように問う。

これは「グーグル」という"検索サイト"です。青色の四角いまどに、文字を入力できます。今から、「豊岡ってどんなところかなぁ」っていうことを調べるのですが、みんななら、ここにどんな「言葉（キーワード）」を入れて調べますか。

当然、子どもたちは「豊岡」と言う。そこで、「豊岡」とキーワードを入れて検索する。すると、下のような検索結果が表示される。

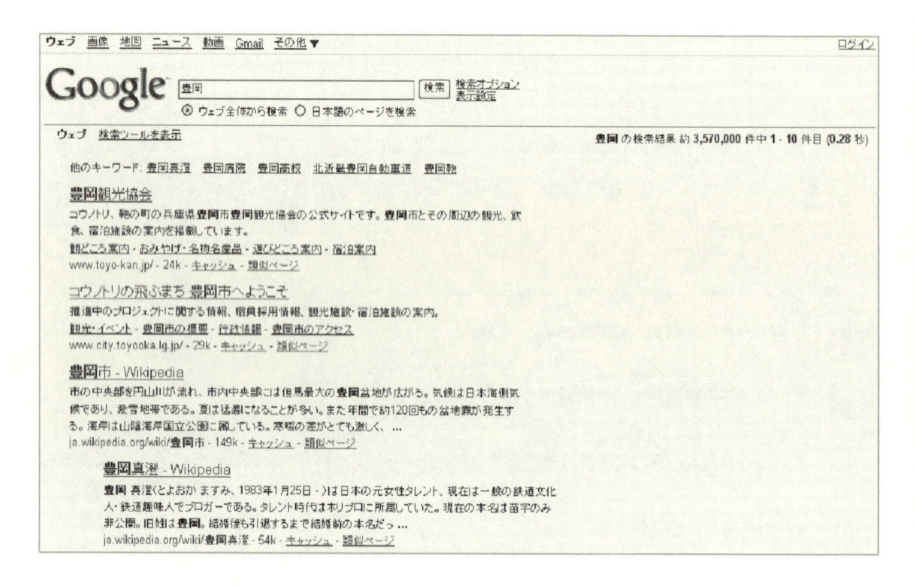

約 3,570,000 件のホームページが見つかる。
たくさんのサイトがヒットすることをおさえて、ノートに検索結果を記録させる。

検索結果を、次のように書いておきます。　（※板書する）
つかったけんさくサイト　→　Google

キーワード　　豊　岡　→　3,570,000 件

第六章　子どもたちを熱中させ、情報処理力をつける授業　最先端のICTを活用する

「豊岡」というキーワードで検索すると、たくさんのページがヒットする。
次にすることは「選ぶ」ことだ。

ずらっとならんだホームページを、すべて見ることはできません。
次のように、見るところをえらびましょう。
① 上の方に表示されているもの。
② 表示されている解説文の、わかりやすいもの。
③ 官庁のページなど。（go.jp がつくページなど）

「豊岡」というキーワードで調べると、上の方に、わかりやすそうなページが表示される。「豊岡観光協会」や「豊岡市のホームページ」などである。
このことは、教師は事前に知っておかなければならない。
子どもから予想されるキーワードで事前に検索しておくのである。
どの言葉を入れると、どういうサイトがヒットするのか調べておくのである。
うまく情報が検索できない場合もあるからだ。
例えば、「株式会社」とはどういうところかを調べるとする。
同じように「株式会社」というキーワードを入れても、いろんな株式会社がずらっと出てきてしまう場合がある。
そういう時は、「２次キーワードをくっつける」という検索方法を教える。

① 株式会社って
② 株式会社とは
③ 株式会社　何
④ 株式会社　しくみ
⑤ 株式会社　情報

「株式会社」が調べたいテーマであり、「１次キーワード」だとすると、後にくっつけた言葉が「２次キーワード」である。他のテーマでも使えるキーワードである。
「〜って」「〜とは」という検索方法を教えるだけで、子どもたちのインターネット検索はがらっと変わってくる。
　現在なら、グーグルに「１次キーワード」を入れただけで、自動的に「２次キーワード」を表示してくれる機能がついている。

135

「はてなキーワード」や「Wikipedia」といったサイトも、上の方に表示される。

2　スマートボードを活用した授業

1　文科省もすすめている電子黒板

　平成21年3月30日、文科省より「教育の情報化に関する手引き」が公開された。この手引きの中に「学校における具体的なICT環境整備」として「電子黒板」が明記されている。少し長いが、そのまま引用する。

> 　コンピューターの画面上の教材をスクリーン又はディスプレイに映し出し、それらの上で直接操作して、文字や絵の書き込みや移動、拡大・縮小、保存等ができる機器である。プロジェクターに接続してスクリーンに投影する「ユニット型」や「ボード型」、大型ディスプレイに機能を付加した「一体型」に大別される。電子情報ボードともいう。
> 　例えば、専用のペンで画面に直接書き込みをすることができ、字の太さやカラーなどのバリエーションも豊富で書き込んだ内容を保存することもできる。このほか、映し出された図形や文字、絵、写真などをタッチパネルで動かしたり、大きく表示したりすることや画面を切り替えることも簡単にできるため、児童生徒に学習のねらいを確実につかませたり、書き込んだ内容を学習記録として蓄積したりできるといった観点を持つ。
> 　電子黒板については、準備の簡便性、スペースや移動性、画面の精細度や大きさなどを勘案して選定する。（第8章　学校における具体的なICT環境整備　P180）

　電子黒板とは、プロジェクターから映し出された画面を、指で直接タッチしてコンピューター操作ができる感圧式タッチパネルである。
　ここに紹介されている電子黒板のうちのひとつが、「スマートボード」である。
　電子黒板にはさまざまなタイプがある。黒板に部品を貼り付けて投影するもの。巨大な液晶パネルが内臓されているもの。いろいろ触ってみたが、今のところスマートボードが一番操作しやすいと思っている。
　何より、特別なペンなどを持たなくても、指で画面に触れるだけでウィンドウズを操作できるのがいい。授業の中で、子どもたちでも使いやすい設計になっている。

第六章　子どもたちを熱中させ、情報処理力をつける授業　最先端のICTを活用する

2　スマートボードは、インターネットを活用した授業スタイルを激変させた

　インターネットを活用した授業をしようとすると、パソコンが必要であり、それを映し出すプロジェクターを設置する必要がある。
　機材を設置したとしても、いざ授業をはじめると次のような状態になってしまう。

① 教師がパソコンの位置から動くことができない。
② 教師の位置とスクリーンの位置がずれるため、子どもたちの視線がぶれる。
③ 教師がパソコンの画面を見るため、教師の視線が落ちる。
④ 教師がパソコンの画面とともにスクリーンも見るため、子どもたちに背を向ける。

　子どもたちに背を向ける状態、つまり「背面型」の授業スタイルになってしまう。
　パソコンを操作しようとするたびに、マウスを持ってクリックする体勢を一回一回とらなければならない。ほんの少しのずれが、授業のリズムとテンポを崩してしまう。
　そのような経験をされた方も多いと思う。
　スマートボードを活用することで、これらの問題を一挙に解決できるようになったのである。
　「背面型」の授業スタイルを改善したのが、「対面型」の授業スタイルだ。

① 教師がパソコンの前に座らなくてよい。
② 教師がスクリーンの横に立って、指で画面を指し示せるので、子どもたちの視線がぶれない。
③ そのまま画面をポンと触れば「クリック」になるのだから、子どもたちに対面したまま授業を進行できる。
④ 教師の視線は子どもたちに向けられる。

　インターネットを活用する授業において「対面型」という概念を提示したのは向山洋一氏である。
　インターネットを活用した「対面型」の授業をするためには、スマートボードがどうしても必要なのだ。
　スマートボードは、イギリス、カナダ、アメリカの教室でシェアナンバーワン。6～7割という形で使われている人気の高い教具だ。

スマートボードを教室に設置することにより、はじめて「対面型」での授業が可能になったのである。

3 スマートボード付属のソフト「スマートノートブック」を使いこなす

スマートボードには、「スマートノートブック」というソフトが付いている。
このソフトがとても簡単で使いやすく設計されている。
スマートノートブックには、授業で活用できるさまざまな機能が搭載されている。

例えば、「シェード」と呼ばれる機能。画面にマスクをかける機能である。ワンタッチで画面を隠し、上下左右、どの方向にでも見せていくことができる。
ツールアイコンの「シェード」ボタンをクリックするだけだ。
国語の暗唱指導、社会科の資料の掲示など使い方はさまざまある。

「マジックペン」ツールも便利。ツールアイコンの「マジックペン」ボタンをクリックすると、ペンのように指先で囲めるようになる。
普通のペンとは、効果がちがう。丸く囲むと、右の写真のようにその部分だけが切り取られて残りの画面にマスクがかかる。
四角くなぞると、その部分だけが一瞬で拡大される。
拡大された部分は、指先を使って移動したり、拡大縮小したりすることも可能だ。教科書の画像をスキャンして貼り付けておけば、見せたい部分だけ表示させることができる。
フラッシュで作成したコンテンツも、かんたんに取り込める。
インターネット上にある対戦型のゲームコンテンツなどをスマートノートブック

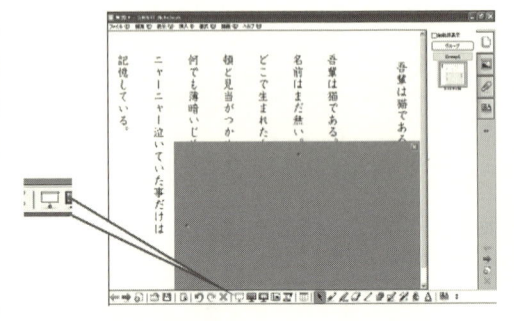

第六章 子どもたちを熱中させ、情報処理力をつける授業 最先端のICTを活用する

に貼り付けて教室で使うと楽しい。

子どもたちが、スマートボードの前に出てきて、画面をタッチしながら学習していくのである。

このような学習コンテンツは、TOSSランド（http://www.tos-land.net/）にたくさん登録されている。

他にも、ユーチューブなどで使われている動画の取り込みも簡単にできる。ダウンロードして、画面上にドラッグするだけである。

再生ボタンや早送りボタンも、自動的につけられるので授業で使いやすい。

子どもたちが撮影したデジカメの動画なども取り込める。調べ学習の発表などにも使える。手軽で便利だ。

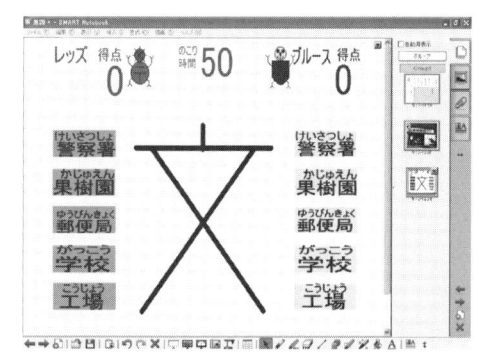

以上、いくつかの使い方を紹介したが、他にもさまざまな使い方がある。スマートボードの使い方は「スマートボード活用授業検定テキスト」に詳しい。

スマートボードの設置方法からはじまって、写真付きでビジュアルに解説してある。

もちろん、付属ソフト「スマートノートブック」の活用方法も紹介してある。

このテキストに書かれていることをマスターすれば、誰でもスマートボードを使いこなすことができる。

▼注文先

東京教育技術研究所 https://www.tiotoss.jp/index.html

TEL 03（3787）6564　FAX 03（5702）2384

3 グーグルアースを活用した授業

1 グーグルアースは無料でダウンロードできる

　グーグルアースは、地球上のいろんな場所を見ることができるソフトである。見てみたい、行ってみたい場所にジャンプして画像を表示することができる。

　最近では、地図や地形、3Dの建物、動画まで表示できるようになっている。

　インターネット上から無料でダウンロードして使える。

　下記のホームページを開き、「Google Earth5 をダウンロード」というボタンをクリックすればいい。

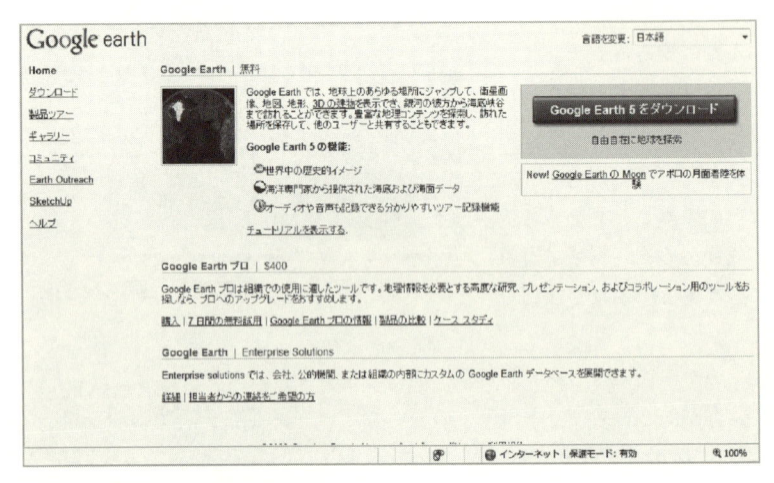

http://earth.google.co.jp/

2 グーグルアースを授業で活用する

　教室のパソコンで、グーグルアースを起動する。

　スクリーンに画面を映し出す。

　この時、照明はできるだけ暗いほうがきれいに見える。

　グーグルアースの画面上には地球が表示される。

　宇宙から地球に近づいてみる。日本列島が見えてくる。どんどん近づいて、自分たちの県、市、学校と次々見せていく。先生の家なども映して見せる。

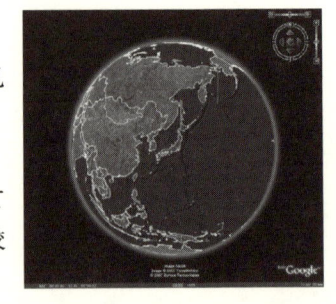

| 第六章　子どもたちを熱中させ、情報処理力をつける授業　最先端の ICT を活用する |

　子どもたちは声を出して興奮する。「先生、僕の家は⁉」「この前に行った、○○は見えるの⁉」もちろん見えることを伝え、行って見せる。「見学に行った場所」「遠足で行った場所」「観光スポット」「有名な建物」など、次々と見せていく。

　東京、大阪、神戸などの町並みは３Ｄで美しく表示される。本物そっくりの映像に、子どもたちは驚き、そして感動する。家に帰って、または学校のコンピューターで、必ずグーグルアースを触る。

　「先生、昨日グーグルアースで○○見つけたよ！」

　まるで地図帳を見るかのように、子どもたちはグーグルアースを見るようになる。

　グーグルアースは、子どもたちの心をわしづかみにする。

　ここまでは、単にグーグルアースを紹介したにすぎない。

　授業で活用するとなると、また違った使い方になってくる。

　グーグルアースの基本的な操作方法は、マニュアル本がたくさん出版されているので、そちらを読んでいただきたい。ここでは、授業で活用する場面のみ紹介する。

　グーグルアースを授業で活用するのは、アメリカなどではかなり行われているらしい。グーグルアースを活用する「エクセレントティーチャー」の表彰もあるという。

　しかし、TOSS のようにグーグルアースを使いこなして、高度に洗練された形で授業コンテンツとして活用している例は他にない。

　グーグルアースを授業コンテンツ化していく構想と、その具体的な提案、実演は、TOSS が最初だった。例えば、次のような使い方である。

活用方法①　プレイスマークをうつ

　グーグルアースの、ごく基本的な操作のひとつである。あらかじめ教師が指定しておいた場所に目印をつけることができる。これを「プレイスマーク」という。プレイスマークをうつことで、一気にその場所へジャンプして見せることができる。教科書や資料集に書いてある情報をもとに、実際の映像を見せることができる。衛星写真なので本物そっくりだ。

活用方法②　パスをつかってドライブする

　「パス」という機能がある。グーグルアース上にパスという線を描くと、その線をなぞるように画面が動く。視点の高さや角度も自由に調整できる。高く設定すれば「鳥の視点」を表現できるし、低く設定すれば「車の視点」「人の視点」を表現できる。

　「明石海峡大橋をわたってみよう」とか「○○ビルまでの道順を案内しましょう」という動きを簡単に作ることができる。

活用方法③　地球を地図でつつみこむ

　「オーバーレイ」という機能を使えば、グーグルアース上に画像を貼り付けることができる。例えば地球全体にぐるっと地図を貼り付けられる。黒板に地図を掲示するのとは、また違った活動になる。子どもが画面を操作し、くるくる回すのも楽しい。

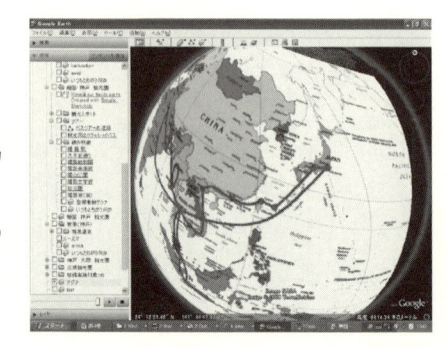

142

活用方法④　3D立体機能で建物を表示する

インターネットに接続している状態であれば、3D立体モデルを表示することができる。「レイヤ」というところにチェックマークを入れるだけで、平面だった画像に立体的な建物が次々と建つ。

日本国内だけでなく、世界の主要都市も立体映像で表現できる。その場に行くことが難しい場合でもグーグルアースで情報を得ることができる。

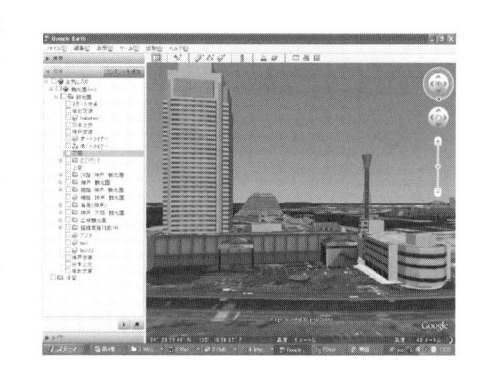

また、インターネット上にある3D立体モデルのファイルをダウンロードして、グーグルアース上に建ててしまうこともできる。もちろん全て無料だ。

活用方法⑤　バルーン内に画像を表示する

画面に表示される白い枠を「バルーン」と言う。

このバルーンの中に、「動画」を映すことができる。

インターネット上の動画配信サイト「YouTube（ユーチューブ）」などの映像を、自由に表示できる。写真、立体モデル、そして映像を見せることで、紙一枚の資料とは違った活動が可能になる。

もちろん、子どもたちが作った映像を発信することも可能だ。

TOSSでは、自分たちの地域の宝を探し、調べ、発信していく「子ども観光動画」という実践もすすめている。全国各地の魅力的な映像が発信されている。

活用方法⑥　プレイスマークをピンで立てる

プレイスマークは自由にデザインして作ることもできる。次頁の画面は、「温泉マーク」をデザインして、実際に市内の温泉があるところに立ててみたものだ。地

図上にマークをつけるような感覚で、調べて、プロットしていくことができる。

例えば、「富士見」という地名の場所を探してプロットしていくとか、いろんな活動が考えられる。「工場が200もあります」と言って説明しても、そのすごさはなかなか実感できない。「ほら、こんなにあるんだよ」と言って、グーグルアースの画面に200ヶ所プロットした画像を見せると、「おー、すごい！ そんなにあるんだ！」という反応を示す。

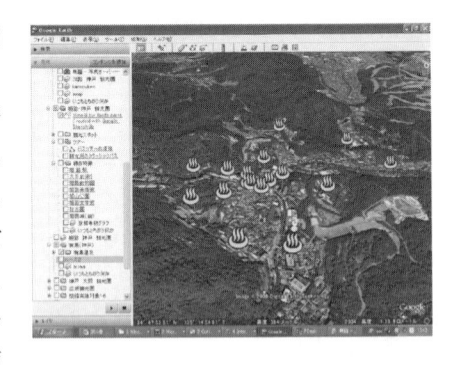

活用方法⑦　フォトオーバーレイで写真の中に入る

フォトオーバーレイは、画面に「写真」を貼り付ける機能である。ズームしていくと、「写真の中に入り込んだような感覚」になる。例えば、授業で360度の景色を見せたい場合などに使える。

右の図は、神戸の夜景を「フォトオーバーレイ」で貼り付けてある。神戸の夜景の中に入り込み、360度ぐるっと見渡してみるという活用をした例である。子どもたちは、まるでその場所に行ったかのように感動していた。

活用方法⑧　キーボードのみで操作する

グーグルアースを活用する授業で、一番気になるのは「リズムとテンポ」である。

グーグルアースを操作することに気をとられて、授業のリズムとテンポが悪くなるのだ。これは、きちんと研究し、その気になって練習すればすぐにクリアできる。

例えば、キーボードのショートカットを覚えることだ。

グーグルアースの基本的な操作は、キーボードのみで可能だ。マウスを使って操作する必要はない。使うボタンは「エンターキー」「スペースキー」「矢印キー」の3つだけだ。これだけで、目線をパソコンに落とさず、子どもの方を見ながら授業をすすめることができる。ほんのちょっとした技能である。詳しい操作方法は、インターネットで「グーグルアース　ショートカットキー」で調べると出てくる。

第六章 子どもたちを熱中させ、情報処理力をつける授業 最先端のICTを活用する

[3] ライブで見て確かめよう

以上、授業で活用する方法をいくつか紹介したが、実際にはまだまだある。

グーグルアースを活用した模擬授業をライブで見る。そして、強い憧れをもつ。

見ないとわからない。イメージがわかない。
ライブで体験してこそ、はじめて具体的な授業イメージをもつことができる。
TOSSの観光立国教育セミナー等では、グーグルアースを活用した授業が次々に提案されている。
グーグルアースは、社会科の授業、特に観光立国の授業に相性がいい。
それぞれの地域のことを授業に取り入れるのが基本だからだ。グーグルアースでジャンプすれば「他地域や外国との比較」が簡単に実現できる。このような手法は、グーグルアースがなければなかなか発想できなかったことだ。ぜひ一度、グーグルアースを活用した授業を、ご自身の目で見て確かめていただきたい。

4 スケッチアップを活用した授業

[1] グーグルアース上の立体的な都市

グーグルアースはすでにご存知だと思う。
グーグルアース上に、立体的な都市を描いている人がたくさんいる。
例えば、アメリカのシアトル。
右図のように、立体的な画面になっている。
他にも、シカゴ、ニューヨーク、カナダのバンクーバーなどの都市もほとんど建物が立体化されている。なぜ、このようなことをやっているのだろう。
中には、趣味で作っている人もいるかもしれないが、多くの人は自分の住んでいる町が好きでそれをもっとたくさんの人たちに知ってほしいという思いで、グーグルアース

上に立体的な画面を作っている。

日本でも、同じように都市が立体化している。

東京、大阪、神戸、京都など、近づいて見ると、本物の町そっくりに作られている。

これらはすべて、「Google SketchUp（グーグル・スケッチアップ）」というソフトで作られたものである。無料の３Ｄ作成ソフトで、ホームページから無料でダウンロードできる。

以下のサイトにアクセスして、ダウンロードボタンをクリックすればいい。

http://sketchup.google.com/

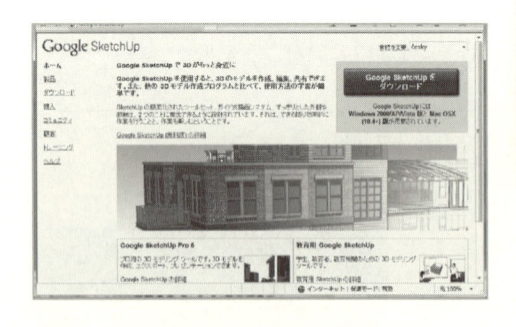

2 教育分野を創る画期的なソフトである

スケッチアップは、単に建築家のための３Ｄ設計ソフトではない。

グーグルアースが登場した時もそうだった。多くの人が、地球をぐるぐると見回るソフトだと考えていた。TOSSだけは、グーグルアースを「新世代ブラウザ」としてとらえていた。インターネットが登場した頃、マイクロソフト社は無料で「インターネットエクスプローラー」を配布した。これによって、ネットの世界での情報の共有化が瞬く間に可能になった。TOSSは向山洋一氏の指導のもと、このインターネットエクスプローラーに情報を載せる形で、「TOSSランド（http://www.tos-land.net/）」を構築した。その後、「フラッシュ」「ディレクター」が登場して、インターネットエクスプローラー上での表現に動的な要素が加わった。

グーグルアースは、この時のインターネットエクスプローラーに匹敵する新世代

第六章 子どもたちを熱中させ、情報処理力をつける授業 最先端のICTを活用する

ブラウザになった。地球を見るだけでなく、何もかも貼り付けられることが可能になり、平面だけでなく立体の表現も可能になった。空間軸だけでなく、時間軸での表現も可能になった。フラッシュや動画を貼り付ける技術も登場した。これを、「授業で活用」するといった発想で研究し、実践を作り出した集団はTOSSだけである。

グーグル社の方も、TOSSの授業を見て驚いていた。

アメリカでも、グーグルアースを使った実践は発表されているが、TOSSのように「グーグルアースを丸ごと授業コンテンツとして使いこなしている実践」は見たことがないらしい。まさに、最先端なのである。

こうした一連の流れの中で、今回の「グーグル・スケッチアップ」の登場をとらえなければならない。教育の現場で、子どもたちに役立つ形で、使いこなす研究をすすめる必要がある。研究の方向はいくつかある。

第一にこのソフトを活用した教科指導の事例である。
第二に子どもたちが個人でこのソフトを使いこなし、創造的な活動を行う実践事例の開発である。
第三に子どもたちがチームでこのソフトを活用し、共同作業をしながら創造的なアイデアを出していく実践事例である。

一つ一つが、大きな枠組みである。
いくつかの研究を、具体的な形ですすめている。その一部を紹介する。

③ グーグル・スケッチアップを活用した「社会科授業」の事例

スケッチアップを活用することで育つであろう力、「空間的な知覚」「再現する力」「創造力」「調べ学習」「プレゼンテーション能力」など、その中のいくつかは社会科を中心として、育てるべき力である。

社会科の授業でスケッチアップを活用することは、大きな可能性をもつ。
いくつかのアイデアを授業コンテンツにしてみた。

①例えば、「水道の授業」の導入。身近にある水道の蛇口から、中に入ってみる。水道管の中を通って、その先に何があるのか予想する。こういった表現(アニメーション)は、スケッチアップで簡単に作ることができる。
子どもたちが、続きを作ることも可能だ。

スケッチアップで見せることで、新しい可能性が生まれる。

```
水道の授業
動画ファイル→　http://jyongman.fc2web.com/sketchup/suidou.avi
授業コンテンツ→　http://jyongman.fc2web.com/sketchup/suidou.skp
```

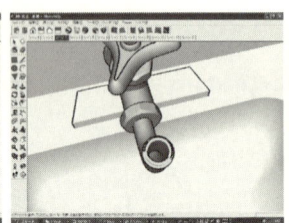

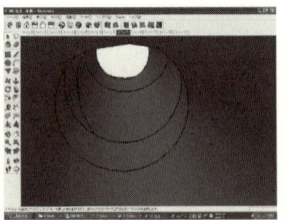

②例えば「等高線」。スケッチアップを使えば、等高線を視覚的にとらえることができる。

① 地図上の等高線を見せる。子どもたちの住んでいる地域の山がいい。
② スケッチアップで、等高線をなぞってみせる。
③ スケッチアップで、等高線を空中に持ち上げて高さを表現する。
④ スケッチアップで、等高線を選択し、クリック一つで山（立体）に変換する。
⑤ スケッチアップで、山に色をつけて、本物そっくりにする。

こうすると、身近にある山に、等高線が張り付いた状態になる。
授業であつかうならば、ここからもう一度巻き戻して見せると効果的だろう。
地図上の等高線の意味を、ビジュアルに理解できる。

```
等高線
動画ファイル→　http://jyongman.fc2web.com/sketchup/toukousen.avi
授業コンテンツ→　http://jyongman.fc2web.com/sketchup/toukousen.skp
```

第六章　子どもたちを熱中させ、情報処理力をつける授業　最先端のICTを活用する

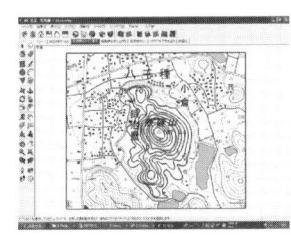

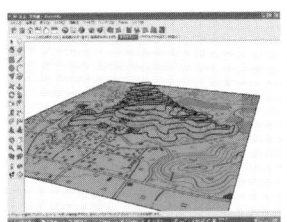

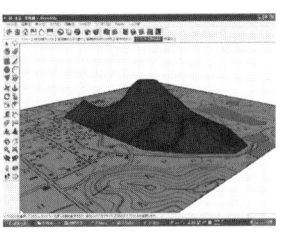

4 スケッチアップを子どもたちがチームで活用する事例

「ぼくたちの町の建物の３Ｄ化」という活動が、ダイナミックでおもしろい。

子どもたちが班を作って、町へ取材にでかける。町の人の話を聞いた後、建物の写真をとらせてもらう。前と後ろの２枚とれればいい。それをスケッチアップに取り込むと、簡単に３Ｄ化できてしまう。作った３Ｄモデルを、グーグルアースにのせていくと、３Ｄの町ができあがる。「写真→３Ｄ化→グーグルアースで表現」という活動が、どの教室でも可能になる。「写真照合」という技術を使うだけである。

5 そのまま使える「Google SketchUp 子ども用テキスト」

3Dモデリングを通して子どもの空間認知力を高める教材。

新しい時代に対応した世界初の教材である。

全冊セット価格(税込)：5,000円
東京教育技術研究所のホームページで購入可能
http://www.tiotoss.jp/

「グーグル・スケッチアップの子ども用テキスト」は、3Dモデリングを通して子どもの空間認知力を高めることができる。新しい時代に対応した教材、世界初のスケッチアップ子ども用テキストである。子どもがスケッチアップを学べるテキストは、どこを探しても本書だけだ。B5判、フルカラー印刷。全学年共通。

第七章

日本を好きになる
日本を誇りに思う

観光・まちづくりの授業

1 持続可能なまちづくり
～東日本大震災からの復興を子どもたちが提案する

この授業は大きく次の四つで構成する。

① 日本は奇跡的な復興を何度も経験してきた。
② 近代から現代までの復興のポイントはそれぞれ何か。
③ 東日本大震災からの復興をどう考えるか（わたしたちのアイデア）。
④ 未来のインフラをささえるエネルギーをどうするか。

中心はもちろん③である。

1 日本は奇跡的な復興を何度も経験してきた

未来のまちを考える授業。その導入は過去へと遡る場面から始める。
長い日本の歴史の中、これまでに幾度も日本を襲った未曾有の危機。
そのすべてで日本は世界中が瞠目する復興を遂げてきた。
扱うのは次の六つである。

① 白村江の戦い（663年）
② 元寇（1274年・1281年）
③ 黒船来航（1853年）
④ 関東大震災（1923年）
⑤ 東京大空襲（1945年）
⑥ 阪神・淡路大震災（1995年）

大まかには、次のような流れで扱う。

① 当時の様子を表した絵や写真を提示する。
② いずれも壊滅的な打撃を受けたことを知らせる。
③ その後日本はどうなったかを予想させる。
④ いずれも日本はめざましい復興を遂げたことを、資料を示しながら知らせる。

以上を、少しずつ変化させながらテンンポよく六回繰り返す。
ここでは詳細は省く。

2 近代から現代までの復興のポイントはそれぞれ何か。
第1時で取り上げた中から、最後の三つに絞って考える。

1. 関東大震災
震災の概要は第1時で扱っている。
ここでは、次の資料から導入し、発問する。

---
① 九段小学校と上六公園
② 元町小学校と元町公園
③ 十恩小学校と十恩公園
④ 御徒町小学校と御徒町公園　他
(http://www.geocities.jp/zouenkasyudan/52parks/ など)

＜発問1＞
これらの資料のキーワードは一言で言って何ですか。

もちろん「学校と公園」である。

＜発問2＞
これらはすべて、関東大震災の後で、東京に作られました。全部で 52 もあります。なんのために作られたのでしょうか。相談してごらんなさい。

避難所の確保、防火帯、復興のシンボル等、さまざまな理由がある。補充資料として、「新花公園と湯島小学校のかつての姿」(http://www.geocities.jp/zouenkasyudan/52parks/index.htm) や、3大公園 (http://www.nef.nenv.k.u-tokyo.ac.jp/excursion2009/ppt/Seki.pdf) なども提示する。

後藤新平の「帝都復興事業」は「後藤の大風呂敷」と言われたが、現在の東京の都市基盤にまでつながっている。

「其の惨害言うに忍びざるものありといえども、理想的帝都建設のために真に絶

好の機会なり。(略) 躊躇逡巡この好機を逸せしむか。」
このような後藤の言葉も児童に紹介しておきたい。

2. 東京大空襲

<説明>
空襲を受けたのは東京だけではありません。日本中が空襲にあったのです。戦争が終わってから復興していった街の様子です。

次のような資料を提示し、発問する。

---
① 1945年の大阪と1955年の大阪の写真
② 敗戦から10年目の広島の街の写真
③ 仙台青葉通りの写真
④ 兵庫県姫路市大手前通りの写真

<発問1>
これらの資料のキーワードは一言で言ってなんですか。

「道」である。幅の広い道だ。
例えば姫路の大手前通りは昭和30年に完成した。幅は50m。
広島の平和大通りや、東京の池袋駅東口前、渋谷公園通りなどの写真も提示する。
山手線の駅前広場の多くは、戦災復興事業によって完成した。
戦災地復興都市計画基本方針の資料を提示し、発問する。

主要幹線街路の幅員は中小都市において三六米以上、大都市においては五十米以上。必要の個所には幅員五十米ないし百米の広路または広場を配置(昭和20年12月30日閣議決定)

<発問2>
なぜこのような広い道を造ったのでしょうか。

これにもさまざまな理由はあるが、中心はそこで火災をくいとめるためだ。防火

遮断帯である。燃えないまちづくりをねらったのである。
　中心部の駅前に広場がある。そこから50mくらいの道路が真っ直ぐ延びている。他の道路はその広い道路から碁盤の目に近い形で接続している。このようなパターンはこの時に作られた。この復興事業が戦後の日本の一般的な地方都市のイメージを作ったのである。

3. 阪神・淡路大震災

　ここまでは、いわば「ハード」による復興であり、国が主導となって推し進めたものであった。
　阪神・淡路大震災では違った考え方が導入される。
　次の資料を提示し、発問する。

---
① みくら5
(http://machi-comi.homeip.net/m-comi/news/l/9912301.jpg など)
② 真野ふれあい住宅
(http://www.k-sodo.jp/article/13240487.html など)
③ 安心コミュニティプラザ
(http://www1a.ipei.jp/hannshin-jirei.pdf など)

＜発問＞
これらに共通するキーワードは何でしょうか。

　この発問は難しいだろう。しかし考えさせたいところだ。キーワードはいわば「共同」である。住民が自分たちで考える復興のまちづくりシステムが、このとき初めて導入されたのである。
　指導したのは小澤一郎氏（財団法人　都市づくりパブリックデザインセンター理事長）である。小澤氏は建設省大臣官房技術審議官等を歴任し、阪神・淡路大震災の時には建設省区画整理課長として被災地の整理事業を担当した。
　被災地の区画は10のエリアに分けられた。それぞれの住民が共同でアイデアを出し合い、プランを立てる。これを第一段階とした。しかし、いつまでも住民が合意できなければ、そこは「スラム」になってしまうと小澤氏は言う。難しい場合には行政が主導で整理するしかない。それを第二段階とした。
　この時初めて導入された「二段階方式」といわれる方法である。

たとえば六甲道では住民の「勉強会」を毎週開いた。その提案を神戸市が区画整理事業の計画に受け入れた。そして実現したのが「安心コミュニティプラザ」だ。
　この考え方はその後も引き継がれ、形を変えて発展している。新潟中越地震でも、雲仙普賢岳噴火災害の被災地でも、自分たちの住み慣れたふるさとをどうするかという住民の共同プランが出されている。
　これらはいわば「ソフト」による復興である。

3 東日本大震災からの復興をどう考えるか（わたしたちのアイデア）

　それでは、千年に一度と言われる今回の大災害からの復興をどうするか。まだ子どもたちに考えさせるのは時期尚早かも知れない。しかし、模索はしておく必要がある。当然、どのような「ソフト」を作るかがポイントになる。
　小澤氏は「復興まちづくり会社」の設立が今回は必要だと述べていた。
　国が支援したり民間が支援したりするのも必要だが、復興してもその後に雇用がないのでは困る。また、阪神と比べても、今回の復興には長い時間が必要だろう。阪神は主として都会が被災地だった。今回はほとんど「地方」が被災している。人材も足りない。そこで、東北の各地域にそれぞれ会社を設立するのである。その会社に国や民間が出資する。専門家も配置する。現地の人も雇用し、復興事業にあたる。利益が出れば分け合う。出なくても、出資者は「支援している」ことになる。
　このような「枠組み」は子どもからは出にくい。しかし細やかで生活に密着したアイデアは子どもの方が出る。detail を考えさせるのである。
　次の資料を提示し、説明する。

「世界が日本の復興に期待。イギリス紙、道路復旧に驚嘆！」(http://www.excite.co.jp/News/photo_news/p-390772/ など）

　＜説明＞
　日本はこのようなすばらしい力を持っています。このような復旧を「原型復旧」といいます。法律もあります。

　次の法律を提示する。

「災害復旧事業」とは、災害に因つて必要を生じた事業で、災害にかかつた施設を原形に復旧することを目的とするものをいう。

第七章　日本を好きになる　日本を誇りに思う　観光・まちづくりの授業

(公共土木施設災害復旧事業費国庫負担法　昭和26年3月31日法律第97号)

線路が壊れれば元にもどす。道路が割れれば元に戻す。「阪神・淡路大震災」も基本的にはこの「原型復旧」の枠組みの中にある。

＜発問1＞
今回の東日本大震災のように、ものすごい津波がくるような災害もあります。もとどおりの場所にもとどおりに直す「原型復旧」でいいと思いますか。

「よくない」「もっと安全なまちを別の場所に新しくつくるべきだ」という意見も出るだろう。
単なる原状回復では千年に一度の災害からの復興が無意味になる。失われた人命と先人の努力が無になるという考え方である。
しかし、それを全ての地域に適用するのは無理があるかも知れない。「そんなに単純ではない」ということを子どもたちにも考えさせたい。

＜発問2＞
「復興まちづくり会社」を設立しました。あなたも一員です。この会社で復興のための計画を立てます。次の意見が出ました。

「津波が来るので山を削って高台を作り、住宅はすべてそちらに移動する。漁師の人は漁港まで通勤する。」

この意見に賛成ですか？

実際に菅首相が4月1日の記者会見で述べたプランだ。
賛成する子どもも多いだろう。しかし、次のような意見も出るに違いない。
・お年寄りが上り下りに大変だ。
・山にエスカレーターをつければいい。
・高台がない地区はどうするの
・高層ビルを建てればいい。
こうした考え方で住民は合意するだろうか。次の資料を提示する。

> ① 津波石の写真（岩手県田野畑村）
> ② 浪災予防法として最も推奨すべきは高地への移転なりとす。（中略）住宅、学校、役場等は必ず高地に設くべきものとす。
> (1933年6月。文部省『津浪災害予防に関する注意書』http://www.tkfd.or.jp/topics/detail.php?id=273)

「高台への移動」は昭和の三陸大津波の時にも、百年前の明治の津波の時にも言われていたのである。

しかし、人々はやがて高台に住まなくなってしまった。

＜発問３＞
昔から言われていたのに、どうして安全な高台に住んでいなかったのでしょうか。

・漁師の人が海まで遠い。
・お店が作りにくくて不便。
・交通が不便。
・昔から住んでいたところに住みたい。
・次の津波があまり来ないので忘れてしまった。
・津波を知らない人が引っ越してきた。

何が正解かはもちろん断定できない。

＜発問４＞
高台に住む派と、そうでない派、どちらでも今はいいことにします。
それぞれの会社で、「こんなまちにしたい」「こんなのがあったらいいな」というアイデアを出し合ってごらんなさい。

「巨大防潮堤」など、大人は一般論を語りがちだ。子どもは「釣りを楽しめるところ」など、もっとミクロなことを指摘する。子どもたちが発想したdetailが、実際のまちづくりでも重要だと小澤氏も話していた。いずれ子どもたちに授業したい。

４ 未来のインフラをささえるエネルギーをどうするか。

千年のスパンでインフラを支えるにはそれを動かすためのエネルギーが必要であ

第七章　日本を好きになる　日本を誇りに思う　観光・まちづくりの授業

る。原子力発電を含め、実際にどのような展望が必要なのかということも、この単元の発展としてあつかっておきたい。

2 「地域の宝」を再発見させる観光の授業

　自分の住んでいる地域を見直すことによって、地域のよさを再発見することができる。「住んでよし、訪れてよし」のわが国の観光立国基本方針である。
　向山洋一氏（TOSS代表）は言う。

> 　観光とは、地域を理解する。地域を自慢できる。自分の住んでいるところがよいところだと、良さを発信することだ。自分の住んでいるところが好きにならない子はだめ。自分の親、先生を好きにならなくてはいけない。こうしたことが、基本コンセプトなのである。

　地域の「宝」を発見し、それを発信していく子どもたちを育てていくことでこれらは実現していける。

> 　「観光とは、その土地の光＜風光の光、心の光、文化の光＞をみせるということでもあるのだ。ダイヤモンドは磨かれカットを施されてこそ輝く。自分たちの特色を知り、何が美しいのかを見る眼をもち、それをどうアピールするかを考え行動に移さなければ光が発せられることはない」
> （「メイド・イン・ジャパンからウェルカム・ツー・ジャパンへ」　堀 貞一郎　プレジデント社）

　地域には特性や持ち味が必ずある。
　日本、そして自分たちのまちのよさを再認識させ、それをアピールしていく子どもになってほしい。
　その地域の「宝」を再発見していく授業を紹介する。

□ 新しい観光をつなぐ広域観光の学習〜静岡県　松尾清恵氏の実践〜

対象学年：6年生
単元計画：全13時間

（1）観光立国って何だろう（2時間）
　① 外国人からみた日本 Beautiful Japan の可能性
　② Beautiful Country 歴史的町並みと景観の素晴らしさ

（2）ニューツーリズムのあれこれを知ろう（4時間）
　① モノづくりの心に触れる産業観光
　② フードツーリズムの推進
　③ グリーンツーリズムと農山漁村体験
　④ エコツーリズムとインタープリター

（3）観光圏を学ぼう（7時間）
　① 観光圏1時間（実践例参照）
　② わが町と県全体を見回して「観光圏」作りの観光資源をリストアップしよう
　　……2時間
　③ 観光圏プランをつくろう……2時間
　④ 観光圏を利用した修学旅行プランを全国の6年生に向けて発信しよう
　　……2時間

【授業の展開】
観光圏を学ぼう（1時間目）

> 　高知県、四万十川。日本最後の清流。年間90万人もの観光客が訪れます。しかし、宿泊者はその1/4以下。もっと滞在してもらおうと地元の人は色々なことをしました。

・帆掛け舟。
・屋形船。
・ラフティング。
・キャンプ場整備。
・さらに川沿い100kmを走るウルトラマラソン。
・水中マラソン。

第七章　日本を好きになる　日本を誇りに思う　観光・まちづくりの授業

＜発問１＞
こうした工夫をした結果、その宿泊数はどうなったと思いますか。

増えてきた。

＜発問２＞
実は、これでもまだ増えなかったのです。
　泊まってもらう、長く滞在してもらうためにあなただったらどんな工夫を考えますか。
　できるだけたくさん、ノートにアイデアを書きなさい。

　四万十川付近の６つの市町村が、手をつなぎあいました。
　まず「地域の宝探し」から始めました。

次の４つを紹介する。

① 宿毛市のだるま夕日。
　気温と海水温の差により、冬場だけ見られるだるま夕日。

② 黒潮町のＴシャツアート
　何もない浜辺を利用した砂浜美術館でのＴシャツアート。

③ 大月町のシュノーケリング・いかつり体験
　美しい海を利用したシュノーケリングといかつり体験を楽しめる。

④ 土佐清水市のホエール・ウオッチング

　海を利用しての観光ができない、山に囲まれた三原村。山でとれるおいしいお米を利用した「どぶろく」つくり。どぶろく特区の指定も受けました。お酒だけではありません。

＜発問１＞
どぶろくを使ったある商品がとっても人気です。何だと思いますか。

どぶろくプリンである。

お酒に弱い人は、食べると酔ってしまうプリンです。これらの市町村は地域の宝を探し、それらをつなげました。
観光協会が考えたキャッチフレーズです。

＜発問２＞
なんにもないのに（　　　　　）ある。
括弧に入るのは何ですか。

なんにもないのに「なんでも」ある。

この地域だけで100以上の体験プログラムを開発。その結果、この地域に宿泊する修学旅行生は２年間で３倍。さらに農山村との連携による活性化が注目され、都市と農山漁村との連携との交流を推進している「オーライ日本グランプリ」を受賞。
審査委員長の川勝平太氏は言います。「各市町村の体験型観光研究会と受け入れ団体・個人等がネットワークを形成し地域資源と農林漁業人材を結びつけ、地域に大きく貢献している。」
これらの市町村が成功したのは、地域の宝探し・地域の宝の連携、農村漁村の活性化これがまさに「観光圏」の考え方のキーワードだったのです。

3 日本が好きになる「伝統文化」の授業

1 伝統文化を理解する

日本には長い歴史の中で、代々受け継がれてきた伝統文化がある。
その伝統文化を大きく二つに分けると「有形」「無形」に分かれる。

有形文化財

建造物、絵画、工芸品、彫刻、書跡、典籍、古文書、考古資料、歴史資料などの有形の文化的所産で、歴史上、芸術上、学術上価値の高いものを有形文化財と呼んでいる。
例えば、東京大学安田講堂、神奈川県庁、愛知県庁、大坂城天守閣、笹子隧道、

大浜大橋、雲仙観光ホテルなどの建造物。ほかに「湖畔」(黒田清輝)、興福寺阿修羅像などの美術工芸品がある。

このような有名な有形文化財ではなくても、地域には数多くの文化財がある。地域の郷土史家を訪ねたり、寺社に問い合わせたりするといいだろう。

参考ＨＰ「全国伝統的工芸品センター http://www.kougei.or.jp/」

無形文化財

演劇、音楽、工芸技術、その他の無形の文化的所産で歴史上または芸術上価値の高いものを「無形文化財」という。無形文化財は人間の「わざ」そのものである。

例えば、尺八、狂言、歌舞伎などの芸能、友禅、彫金、本美濃紙、日本刀、備前焼などの工芸技術がある。地域の祭り、行事には踊りや伝統芸能がしばしばみられる。

【文化財オンラインのHP】

地域の文化財は「文化庁」のホームページ (http://www.bunka.go.jp/) にある「文化財オンライン」でも調べることができる。

ここに「地域から調べる」というページがあるので自分の県にチェックをいれればすぐに見つかる。

2 私たち自身が文化財である

「有形」文化については技術の進歩に伴い、「保管」「保護」が可能になってきた。しかし、「無形」文化については難しい面がある。現在はビデオやDVDなどによって保存が可能ではあるが、基本は「人」から「人」へ、である。

さらに無形であるがゆえに、次の世代への伝承が不可欠であるが、後継者不足は深刻な問題となっている。

日本にはその土地に独特の風土や習慣にあった無形文化財が数多くある。

祖先から受け継いできた有形・無形の文化に対する理解を深めることで、そのすばらしさに気づかせれば、子どもたちは日本や自分たちの地域への誇りを持つであろう。

そして文化の継承者として「自分たち自身が文化財である」という自覚を持たせるとともに、他の地域や海外にその文化を広める活動をさせたい。

3 地域の民族舞踊をPRしよう（島根県の例）

指導計画18時間
第1次日本の伝統文化について理解する
　第1時日本神話を読もう
　第2時日本の文化財にはどんなものがあるのだろう
　第3時「有形文化財」と「無形文化財」との違いについて知ろう
　第4時人間国宝の生き方を学ぼう
第2次外国との比較から日本の伝統文化について理解を深める
　第5時外国人からみた日本人の姿を知ろう
　第6時「縮の文化」と「拡大志向」
　第7時「手の文化」と「足の文化」
第3次島根の伝統文化について調べよう
　第8時島根の重要文化財について調べよう
　第9時島根の無形文化財（民族舞踊）について調べよう
　第10時　　　同上
第4次地域の伝統文化を継承する
　第11時　　　地域の「無形」文化財（民族舞踊）について調べよう
　第12時　　　同上
　第13時〜第15時
　地域の「無形」文化財（民族舞踊）をマスターしよう
　第16時〜第18時
　地域の「無形」文化財（民族舞踊）の観光立国ビデオメッセージを制作しよう。

授業例〜島根県　川神幸氏の実践〜
　地域の「無形」文化財（民族舞踊）の観光立国ビデオメッセージを制作しよう。

　ねらい：自分たちの祖先が大切にしてきた地域や無形文化財である民族舞踊を伝えるためのビデオを制作する。

　展開：国宝「出雲大社」、山陰の小京都「津和野」、国際観光都市「松江」、世界遺産「石見銀山」を提示する。

第七章　日本を好きになる　日本を誇りに思う　観光・まちづくりの授業

どこか一ヶ所でも、行ったことのある人？

挙手をさせる。

どこか一ヶ所でも、行ってみたいと思う人？

挙手をさせる

私たちの住む浜田市はそんな観光で有名な町の間にあります。
浜田市の紹介をします。海に面したとてもすてきなところですが、観光客はほとんど来ません。
そこでこの町を紹介するビデオをつくりました。

ビデオを作るためにケーブルテレビ局を訪ねて撮影のポイントを聞いた。

どんなポイントがあると思いますか。（指名）
そこでさっそく台本を書いて撮影しました。（ビデオを見せる）
感想をどうぞ。

数名指名する。

浜田市は海の町です。現在は「あじ」「のどぐろ」「カレイ」といった魚に「どんちっち」というブランド名をつけて大きくPRして売り出しています。

「どんちっち」とは何のことだと思いますか。

挙手をさせる。

石見神楽のことです。

その石見神楽の紹介を少しはさみ、石見神楽クイズを出す。挙手をさせる。

石見神楽の面に使われているものは、何だと思いますか。

165

近くの人と話し合わせる。

ビデオにはこんな体験も取り入れられています。一緒に声に出して言ってみてください。

みんなで石見神楽の一部を体験する。

4 「日本にある世界の宝」を考える世界遺産の授業
1 世界遺産とは

世界遺産は次のように説明されている。

> 地球の生成と人類の歴史によって生み出され、過去から引き継がれた貴重なたからもの
>
> （日本ユネスコ協会連盟より）

世界遺産は「世界遺産条約」に基づいて「世界遺産リスト」に登録され、文化遺産、自然遺産と、両方の要素を兼ね備える複合遺産とに分類される。
種類別にみると
・文化遺産 704
・自然遺産 180
・複合遺産 27
合計 911 である。(2010 年 8 月現在)
日本には 2011 年 6 月現在 16 の世界遺産があり、世界遺産候補として 10 ヶ所が挙げられている。

2 世界遺産を教えるときの3つの視点
1. なぜ世界遺産を授業で取り上げるのか？
　世界遺産は、地球と人類の宝である。
　これから未来の子どもたちにこれらの宝を残していくには人類はその保存への努力をしていく必要があろう。

第七章　日本を好きになる　日本を誇りに思う　観光・まちづくりの授業

そのためには、世界の国々がお互いの文化を認め、大切にしていかなくてはならない。

それは、自国、自分の地域に誇りをもち愛着を持つことにもつながっている。世界遺産を学ぶことによって日本をよく知り、日本の良さを発見することができるのである。

2. 世界遺産をどのように授業で取り上げるのか？

世界遺産の授業をするとき、大切なポイントとして向山洋一氏（TOSS代表）は次の3つを挙げている。

① その遺産が世界的なものである意味を知的に理解させる。
② それらの遺産が「残った理由」「滅んだ理由」を考える。
③ 日本の世界遺産を教えるとき、自分たちの県との比較などが必要である。

TOSSではこのような視点を考慮し、世界遺産テキストをつくり、授業実践が行われている。その一例を紹介する。

3　世界遺産テキストを使った学習
　　授業実践例：姫路城〜兵庫県　許鍾萬氏の実践〜
1. 世界遺産を探してみよう

子どもたちと一緒に図書室にいったり、教室に資料をたくさん持ち込んで調べたりする。

また、家から資料を持ってこさせてもいいだろう。楽しい学習活動が展開される。

その後、調べた世界遺産を発表させる。

教師が画像を紹介してもいいだろう。

皆さんの知っている「世界遺産」には、どんなものがありますか。
本や資料を使ったりして名前を書き出しましょう。

こうした建物や場所が世界遺産に登録されたのには、それぞれの理由があるはずですね。

2. 日本で最初に登録された世界遺産

　日本で最初に登録された世界遺産は、どこか知っていますか。
　ノートに書きましょう。

　法隆寺、姫路城が日本で最初に登録された世界遺産であることを資料で提示する。

3. 姫路城はなぜ世界遺産に登録されたか？

　姫路城のパンフレットがある。「姫路観光コンベンションビューロ」のホームページからダウンロードできる。
　パンフレットを参考に調べ学習を進める。

　姫路城が世界遺産に登録されたのはなぜでしょうか。戦前と戦後の二枚の写真を見ながら、書きましょう。

　「戦前」、「戦後」の二枚の姫路城周辺の写真を比較しながら考えさせる。

4. 日本の世界遺産を調べよう

　姫路城が世界遺産に登録されるにはそれなりの理由がある。
　それを調べる方法をまず考え、実際にその方法で調べてみる。
　世界遺産登録の「決め手」を知ることで、日本にある他の世界遺産がなぜ登録されたのか、有名な場所でも登録されない理由はなぜなのかを知ることができる。
　それらの学習を通し、日本の素晴らしさを再発見していくようにさせたい。

第八章

今の社会科教育をどう変えていくのか

社会科授業で「脱皮」したい「四つの欠如」

1 過度な子ども中心主義を脱皮すべきである

　社会科で脱皮しなければならない第一は、過度な子ども中心主義である。
　研究授業後の検討会で、一人の児童を取り上げ、次のような言い方をする先生がいる。

　　今日の授業で、私は○○くんの様子をずっと見ていました。

そして、ノートを見ながら、例えば次のようなことを縷々解説する。

① その子どもが学習についてこれなかった場面。
② その子のつぶやきを教師が聞き逃した場面。
③ その子が一度も発表しようとしなかったこと。
④ 他の子どもたちがその子にかかわろうとしなかったこと。
⑤ 教師のその子へのかかわりが少なかったこと。
⑥ その他。

　これに対して、授業者の先生はほとんど反論することができない。
　述べられていることは事実であり、確かにその通りだからである。
　もちろん、このような検討に意味がないと言いたいのではない。
　個々の子どもたちの様子を観察するのは大切なことだ。
　研究授業で抽出児を決め、分担して記録をとり、検討する方法は、私もやったことがある。
　それは事前に研究的な仮説をもって取り組み、分析する視点を設定し、指導案にも明記されているような場合だ。
　今言いたいのは、研究仮説とはかかわりなく、どのような授業であっても先ほどのような発言をする人のことである。
　つまり簡単なことだ。
　授業を見ながら、学習が難しそうな子を探せばいい。
　その子を見ながら記録をとる。
　事後検討会で、その子の学習が成立しにくかった場面を、こと細かく報告すれば

第八章　今の社会科教育をどう変えていくのか

いい。

こうすれば、どんな授業者でもやりこめることができる。

意味がないとまでは言わないが、授業後に検討したいことは他にもたくさんあるはずだ。

その中心は教師の授業行為である。

どのような資料を提示し、どのような発問と指示を、どのような順序で組み合わせたのか。

それによって、何人の子どもがどのような反応をしたのか。

そのような分析をしなければ、研究が蓄積されない。

2 授業システムの欠如を脱皮すべきである

第二はシステムの欠如である。

子どもたちが毎日毎日、自然に学習を重ねていくような「仕組み」をつくるのが教師の仕事だ。

私の普段の授業はパーツで構成されていることが多かった。

① フラッシュカードをする。
② 地図帳を検索する。
③ 歴史人物カルタをする。
④ トレース紙に絵や図を写しとる。
⑤ 教科書の内容をノートにまとめる。
⑥ 継続して取り組んでいる調べ学習の続きをする。

例えばこのようなパーツが1時間の授業の中に組み込まれていた。

①〜⑥の活動のそれぞれにはあまり関連がない。

しかし、毎時間連続しているので子どもたちの意識はコマ切れになっていない。

教師の簡単な指示で次々に活動が開始され、毎日の学習がスムーズに展開する。

発達障害の子も含めて、子どもたちの活動が安定する。

学力も上がる。

そして教師も楽になる。

授業をパーツにするのは、最も簡単な一例だ。

システムは他にもある。

たとえば、子どもたちに調べ学習をさせる場合である。

次のような順だ。

① 「原理」を示す。
② 「例示」をする。
③ それを「ものさし」にして調べさせる。

ごく簡単な例を挙げよう。
観光について調べさせようとした場面である。

① 物語とは「行って帰ってくる」のが基本形です。
② 例えば「桃太郎」です。
③ 「行って帰ってくる」お話を集めてごらんなさい。

これが調べ学習の最も簡単な基本構造である。
これを基本形にして、「観光地」に進める。

① 観光も「行って帰ってくる」のが基本形です。
② 例えばディズニーランドは、「夢の世界」へ行って帰ってきます。
③ 観光地をたくさん調べて、「どんな世界」に「行って帰ってくる」のか書いてごらんなさい。

どんな調べ学習でも、原理を示し、わかりやすい例示をし、それをものさしにして調べさせるという基本構造を踏まえていれば、子どもたちは動く。
教師にこのようなシステムをつくるのだという意識が欠如している例が多いと思える。

3 技術や技能を軽視する授業から脱皮すべきである

社会科教師の技術として、一つだけ例を挙げよう。
例えば「グーグルアース」を使って授業コンテンツを作成する技術である。
それほど難しい技術ではない。
TOSSでは何年も前から実際に授業をする場面を通して提案し、その技術も授業でのユースウェアもすべて完全に公開してきた。
このような授業コンテンツを使うと子どもたちも内容を理解しやすくなる。

第八章　今の社会科教育をどう変えていくのか

　発達障害の子どもたちも画面にひきつけられる。
　そのような効果が実際に報告されているのに、教師全体としては未だに敬遠する人の方が多いのはなぜか。
　これは教師サイドの技術だが、子どもサイドの技術もある。
　こちらも一つだけ例を挙げれば「教科書の写真を読み取る技術」である。
　社会科の教科書に掲載されている資料で最も多いのは写真である。
　その写真資料の情報を、子どもたちにどのように読み取らせるか。
　それは大切な情報処理技術である。
　向山洋一氏は「雪小モデル」として写真の読み取り能力育成のためのフレームワークを提案した。（70ページ参照）
　このモデルに沿って、年間数回の授業を実施すればよい。
　子どもたちは自分で写真の情報を読み取ることができるようになる。
　分析もできるようになる。
　何より、その写真の読み取り技術を教える授業は、子どもたちが熱中する。
　技術があり、それを教える方法もあり、しかも子どもたちが熱中するのに、なぜその授業を実施しないのかわからない。
　15年くらい前だっただろうか。
　ベテランの先生から
「谷君は早く法則化を卒業しろ。」
と言われたことがある。
　この先生にとっては、当時、さまざまな教育技術を共有化しようとしていた教育技術法則化運動がお手軽な方法論に見えていたのだろう。
　自分も技術を身につけず、子どもたちにも技術を身につけさせない教師は、今でもこの先生のような考え方の延長にいるのかも知れない。

４　自分の国や地域に対する誇りのない授業を脱皮すべきである

　社会科の授業をうけると日本が嫌いになるという。
　日本はかつて外国を侵略して悪いことをした。現在も貿易摩擦を起こし、廃棄物をまき散らし、環境を悪化させ、悪いことばかりしている。
　そのようなことを一生懸命子どもに教える授業をやっているのだ。
　子どもたちが自分の生まれ育った国や故郷を嫌いになるほど不幸なことはない。
　日本や地域の伝統文化の素晴らしさを教え、誇りを持たせる授業の方がずっと大切である。

問題点を検討するのはその後でいい。
　TOSSが推進している「まちづくり教育」「観光立国教育」をもっと大きな動きにしていく必要がある。

　社会科は、事実に立脚し、実証的でなければならない。
　そこに住む人々の生き方を見つめなければならない。
　そして日本の国を愛し、誇りに思う子どもたちを育てなければならない。
　何よりも、自分の国や地域の未来を信じ、それを自分たちで担っていこうとする人材を育てなければならない。

本書の執筆にあたって、次の先生方にご協力いただきました。
ありがとうございました。

【執筆協力者】

川原雅樹（兵庫県篠山市立城南小学校）

服部賢一（神奈川県横浜市立平沼小学校）

畑屋好之（和歌山県広川町教育委員会）

前川　淳（兵庫県姫路市立大津小学校）

石田寛明（東京都板橋区立板橋第一小学校）

許　鍾萬（兵庫県立香寺高等学校）

桜井健一（神奈川県川崎市立王禅寺中央小学校）

◎監修者紹介

向山 洋一（むこうやま よういち）

東京生まれ。68年東京学芸大学卒業後、東京都大田区立小学校の教師となり、2000年3月に退職。全国の優れた教育技術を集め、教師の共有財産にする「教育技術法則化運動」TOSS（トス：Teacher's Organization of Skill Sharing の略）を始め、現在もその代表を務め、日本の教育界に多大な影響を与えている。日本教育技術学会会長、日本言語技術教育学会副会長。

◎著者紹介

谷 和樹（たに かずき）

北海道札幌市生まれ。神戸大学教育学部初等教育学科卒業。兵庫県の加東市立東条西小、滝野東小、滝野南小、米田小等にて22年間勤務。そのあいだ、兵庫教育大学修士課程学校教育研究科にて、教科領域教育を専攻し修了。TOSS関西中央事務局を経て現在、玉川大学大学院准教授。日本の社会科教育のリーダーである。

子どもを社会科好きにする授業

2011年 7月25日　初版発行
2017年10月16日　第4版発行

　監　修　　向山 洋一（むこうやま よういち）
　著　者　　谷 和樹（たに かずき）
　発行者　　小島直人
　発行所　　株式会社 学芸みらい社
　　　　　〒162-0833 東京都新宿区箪笥町31番 箪笥町SKビル3F
　　　　　電話番号 03-5227-1266
　　　　　http://www.gakugeimirai.jp/
　　　　　E-mail : info@gakugeimirai.jp
　印刷所・製本所　　藤原印刷株式会社
　ブックデザイン　　荒木香樹

落丁・乱丁本は弊社宛お送りください。送料弊社負担でお取り替えいたします。

©Kazuki Tani 2011 Printed in Japan
ISBN978-4-905374-01-5 C3037